LORENA FIGUEROA/KEIKO SILVA/PATRICIA VARGAS

Tierra, Indio, Mujer

Pensamiento social
de Gabriela Mistral

UNIVERSIDAD**ARCIS**

LOM PALABRA DE LA LENGUA YÁMANA QUE SIGNIFICA SOL

Tierra, Indio, Mujer
© LOM Ediciones / Universidad ARCIS
© Dibam
Primera edición, enero 2000

Registro de Propiedad Intelectual N° 108.124
I.S.B.N: 956-282-257-5

Diseño de la cubierta: Pablo Byrt
Composición y Diagramación:
Editorial LOM. Concha y Toro 23, Santiago
Fono: 6885273 Fax: 6966388

Impreso en los talleres de LOM
Maturana 9, Santiago
Fono: 6722236 Fax: 6730915

Impreso en Santiago de Chile.

Presentación

Maximiliano Salinas Campos

El presente trabajo quiere abordar un tema que los chilenos y las chilenas debiéramos haber tenido y querido ya en nuestra memoria colectiva. Se trata de indagar en las claves del pensamiento social de Gabriela Mistral.

Un tema no menor para la conciencia de nosotros como pueblo.

Gabriela Mistral no fue sólo la adolorida mujer de *Desolación*. En ella se encuentra un pensamiento social vigoroso y riquísimo para Chile y la América del Sur. Los importantes esfuerzos que día a día se hacen por recopilar sus escritos necesitan al mismo tiempo ser objeto de estudio y de investigación. Y de conocimiento sencillo del mayor número de personas. Especialmente se hace necesario conocer su prosa, que fue "muchas veces su más penetrante poesía", como dijera Pablo Neruda (*Confieso que he vivido*).

En la cátedra de Pensamiento Social de América Latina y Chile que impartimos en la Universidad ARCIS desde 1995, procuramos dar a conocer a Gabriela Mistral en su condición de pensadora original por la justicia y la paz, por América del Sur, sus tierras y sus gentes. Ahora tenemos la alegría y el honor de presentar el trabajo de tres jóvenes tituladas en la Escuela de Periodismo de dicha Universidad con una memoria sobre el tema. Keiko Silva, Lorena Figueroa y Patricia Vargas, grandes amigas y excelentes estudiantes, investigaron con entusiasmo y dedicación constantes para desentrañar los temas con que Gabriela Mistral fue trenzando su pensamiento sobre nuestras sociedades mestizas. Ha sido un privilegio poder acompañarlas en su rico proceso de investigación. Cada una de ellas se especializó en los tres temas que conforman el desarrollo de la obra: la mujer, los indígenas, y la tierra, respectivamente.

El conjunto de estos tres temas completan la visión y la pasión que Gabriela tuvo de y por América, la que fue "quizá la más carnal de sus pasiones" (Victoria Ocampo, *Gabriela Mistral en sus cartas*, en *Testimonios. Sexta serie 1957-1962*, Buenos Aires 1962, 59). La tierra, los indígenas y las mujeres, son los rostros concretos de esa América idolatrada por la Mistral. Donde volcó su pensamiento desconcertantemente 'carnal' para los filósofos de profesión. "Su visión a veces nos desconcierta, por cierta insistencia en la carnalidad... ¿Hay un tipo de pensar que al mismo espíritu quisiera hacer carne, y lo exprese en imágenes y símiles que lo vuelven cosa de palpación más que de comprensión?", escribió su viejo amigo José Vasconcelos en 1946 (*Homenaje a Gabriela Mistral*, en *Revista Iberoamericana* X, 20, 224). Tierra, indígenas y mujeres son los temas, también, hoy por hoy pendientes de nuestra modernización coja y tuerta.

El Centro de Investigaciones Sociales de la Universidad decidió divulgar este trabajo, y, conociéndola también la Dirección de Bibliotecas, Archivos y Museos, patrocinada por el Archivo del Escritor, acordó publicarla en conjunto con LOM Ediciones.

La Universidad quiso con esto reconocer el mérito de un trabajo académico en el ámbito de las Ciencias Sociales, y la Dirección de Bibliotecas, Archivos y Museos, darla a conocer fuera de los círculos estrictamente universitarios por considerarlo un verdadero aporte como rescate de patrimonio. El objetivo es que esta obra, fruto de jóvenes que se inician en el trabajo y la investigación cultural, sea leída por cualquier persona interesada en el tema más allá o más acá de los ámbitos de la educación superior.

Damos aquí especialmente las gracias a la Dirección de Bibliotecas, Archivos y Museos por apoyar la edición con este preciso interés de divulgación de un pensamiento vivo y viviente que tanto desconocemos los chilenos y los suramericanos.

> *He dicho varias veces*
> *y lo repito con muchísimo gusto*
> *que este país debiera llamarse Lucila*
> *de lo contrario que se llame Gabriela*
> *debería volvérsela a querer*
> *a releer*
> *a ver*
> *a compadecer*
> *es una novia abierta al infinito*
> *una viuda perpetua*
> *una mamá que no se olvida nunca...*
>
> *Nicanor Parra, 1989*

6

La Tierra

Niño indio, si estás cansado,
tú te acuestas sobre la tierra,
y lo mismo si estás alegre.
Hijo mío juega con ella…

Se oyen cosas maravillosas
al tambor indio de la Tierra:
se oyen el fuego que sube y baja
buscando el cielo y nos sosiega.
Rueda y rueda, se oyen los ríos
en cascadas que no se cuentan.
Se oyen mugir los animales;
se oye el hacha comer la selva.
Se oyen sonar los telares indios.
Se oyen trillar, se oyen fiestas.

Donde el indio lo está llamando,
el tambor indio le contesta,
y tañe cerca y tañe lejos,
como el que huye y que regresa…

Todo lo toma todo lo carga
el lomo santo de la Tierra:
lo que camina, lo que duerme,
lo que retoza y lo que pena;
y lleva vivos y lleva muertos
el tambor indio de la Tierra.

Cuando muera, no llores hijo:
pecho a pecho ponte con ella,
y si sujetas los alientos
como que todo o nada fueras,
tú escucharás subir su brazo
y la madre que estaba rota
tú la verás volver entera.

Gabriela Mistral

En casa de Don Fausto Coto Montero
en San Pedro de Montes de Oca.
Costa Rica, 1931.

Introducción

¿Por qué Gabriela Mistral?

¿Quién no leyó alguna vez los versos de Gabriela Mistral? ¿Cuántas veces no tuvimos que recitar algún poema suyo en un acto escolar? Nadie se escapó de repetir a coro en la sala de clases "piececitos de niño, azulosos de frío" o "yo no quiero que a mi niña me la vayan a hacer reina"... Todos, sin excepción entramos al mundo de Gabriela a través de sus poemas y versos, colmados de infancia, rondas y juegos.

Crecimos escuchando que Gabriela Mistral nos legó los mejores poemas y los versos más bellos de nuestro país. Y así se nos fue quedando en la retina la imagen mítica de la madre universal, la maestra rural y abnegada, la magnífica escritora de sonrisa triste y carácter melancólico que no tuvo hijos.

Nos quedamos con la idea de la profesora elquina que adoptó a los niños del mundo como si fueran suyos, dejando, por olvido o desconocimiento nuestro, su pensamiento crítico hecho prosa.

La misma vitalidad creadora que impulsó a la poetisa, salió a luz también en sus reflexiones acerca del acontecer americano. Nos reencontramos, de este modo, con la pensadora, lúcida y vivaz, pero por sobre todo, sensible a la realidad contemporánea que vivió, describió y enjuició enérgicamente.

La historia real de Gabriela Mistral ha estado ceñida a circuitos literarios especializados, que recién en estos momentos comienzan a exponer su trabajo prosístico al alcance masivo. Sin embargo, será una difícil tarea lograr que el redescubrimiento de su trabajo pueda superar las visiones que la sociedad ha dejado predominar.

Este libro es una invitación a leer a la Mistral, una ventana que nos aproxima a la otra Gabriela, la mujer, mestiza y campesina que nos brindó una concepción de América que trasciende en el tiempo y las fronteras.

Una vez despojados los clichés que la han rodeado, reconocemos lo que ella representa y simboliza para la América hispana: *"El amor a la libertad, el ideal de una América organizada a la luz de sus propias necesidades, la salvación de los errores de momento a través de la educación y el intento de conformar el espíritu del continente…"*[1]

Gabriela modela una concepción de América en la cual, tierra, indio y mujer, resultan ser los ejes que interpretan el pensamiento político-social de la poetisa. En la particularidad de estos tres ámbitos queda reflejada su conciencia sobre la integración de los pueblos y la unicidad del territorio americano.[2]

Es necesario revitalizar el legado que Gabriela Mistral quiso transmitir. No sólo para demostrar la vigencia de sus juicios, sino en especial, para asumirla como una pensadora suramericana, que dio cuenta del conflicto de identidad que sufre la región.

El compromiso social de Gabriela Mistral

A la par de sus escritos en versos, Gabriela Mistral escribía sobre compromiso y equidad social. Ya en su adolescencia cuestionaba la pobreza y la injusticia de los desposeídos, de los cuales también formaba parte.

Al buscar el origen de esta preocupación, debemos remontarnos a su niñez, a su entorno elquino, primario y agrícola, que reflejó carencias sociales y políticas en que vivía el sector campesino de América del Sur.

Conversaciones con Pedro Aguirre Cerda acerca de la necesidad de una Reforma Agraria —cuando éste aún se desempeñaba como profesor—, dieron origen al libro "El Problema Agrario" que el futuro Presidente de Chile le dedicó en 1929.

En el año 1922 Gabriela fue llamada por el ministro de Educación de México, José Vasconcelos, para participar en la reforma educacional y en la fundación y organización de bibliotecas populares.

Allí su labor fue la de cooperar en la creación de un nuevo estilo de educación. Sin embargo, México fue también la puerta de entrada al mundo indígena. En ese país se hará más fuerte su lazo con la causa indigenista.

---

[1] Arrigoitía, Luis de. *Pensamiento y forma en la prosa de Gabriela Mistral*, Río Piedras, Puerto Rico, Editorial de la Universidad de Puerto Rico, 1989, p. 93.

[2] Basamos nuestro trabajo en la reconstrucción del material prosístico y epistolar que han realizado los autores: Roque Esteban Scarpa, Jaime Quezada, Luis Oyarzún, Luis Vargas Saavedra, Eugenio Labarca, Mario Rodríguez, entre otros.

Junto a Vasconcelos *"reivindicaban lo precolombino, el pasado maya y azteca, la poesía zapoteca; pero también exaltaban al indio actual, los valores de su silencio, el sentido profundo de su recogimiento. Debía traducirse en redescubrimiento de su sensibilidad creadora expresada en la artesanía, el sentido teatral, la música y las danzas".*[3]

Después de México, su labor diplomática le permitió viajar, conocer y vivenciar otras realidades, tanto del continente americano como de Europa. En sus recorridos, pudo comprobar que el nuevo continente estaba en considerable desventaja con respecto a reivindicaciones y derechos sociales.

"[...] la capacidad productiva y exportadora de América Latina enriqueció a sus oligarquías y al capital inglés y después norteamericano asociado con ellos y consolidó y reafirmó el dominio del latifundio sobre el espacio agrícola latinoamericano. [...] Pero todo significó al mismo tiempo un crecimiento económico empobrecedor para las mayorías rurales".[4]

De México irá a Europa, en un recorrido por España, Italia y Suiza.

Tras una breve estadía en Chile, su nuevo cargo como Secretaria del Instituto de Cooperación Intelectual de la Sociedad de las Naciones, la llevará nuevamente a Suiza. En adelante cargos consulares, charlas y conferencias la unirán al círculo diplomático y de Derechos Humanos de América y del mundo.

Italia, por su clima y su gente, fue el país europeo más querido por Gabriela, y a él volverá continuamente por no volver la cara a esa América del Sur tan proclive al autoritarismo: *"Italia siempre fue para mí la cura del ánimo. No sobra añadir que me deprime bastante el panorama de la América criolla que es la que más me importa en el mundo. Observe usted 'la cría de dictaduras' "*[5].

En 1945, al finalizar la Segunda Guerra Mundial recibe en Suecia el Premio Nobel de Literatura, el primero que se le otorgaba a un escritor latinoamericano.

Tres serán las ocasiones en que visite Chile: 1925, 1938 y 1954.

Ese "autodestierro" nada tiene que ver con su vínculo a la geografía y al amor por su pueblo, especialmente Elqui. Sólo fue respuesta a quienes la hirieron. Intelectuales, políticos y miembros de su propio gremio: *"Yo le di a este país mi vida en vano. No me quedo por no volver a vivir defendiéndome de los odios sin cara, de los odios hipócritas con los cuales no es posible la lucha honrada."*[6]

---

[3] Teitelboim, Volodia, *Gabriela Mistral: Pública y secreta. Truenos y silencios en la vida del primer Nobel Latinoamericano*, Santiago, Chile, Editorial Sudamericana, 1996, p. 145.

[4] Chonchol, Jacques, "El desarrollo rural y la Reforma Agraria en América Latina", en: *Boletín de Estudios Latinoamericanos y del Caribe*, N° 46, Amsterdam, junio 1989, p. 3 y 4.

[5] Cfr. Teitelboim, Volodia, *op.cit.*, p. 253.

[6] *Ibid.*, p. 197.

Gabriela falleció en Nueva York a los 67 años de edad. Sus restos fueron repatriados a Santiago el 19 de enero de 1957.

Gabriela Mistral elaboró una concepción de los valores que deben estar presentes en la realidad de nuestro país y América. Los aspectos políticos, económicos y culturales marginados de la cultura dominante: tierra, indio y mujer. Esto hizo de ella no sólo una poetisa sino además una gran pensadora.

Desde un plano valórico, evaluó la situación y propuso un estado ideal para América. Estos juicios se encuentran sin un orden sistemático, desorganizados, difusos y mezclados junto a sus propias creencias y costumbres.

La visión de mundo que Gabriela concretó fue particular y universal a la vez. Particular porque produjo un modelo de pensamiento concreto para América, rescatando los valores fundamentales de nuestra cultura y conduciéndolos a una propuesta respetuosa del origen. Y universal, porque englobó todos los ámbitos de la realidad pública y política. Su interés por la tierra abarcó un juicio político y económico; por el indio, una preocupación política y social y por la mujer, una inquietud política y cultural.

A pesar de que sus textos están escritos en épocas diferentes y por diversas razones, existe entre ellos una coherencia conceptual que merece el apelativo de pensamiento, aplicándolo al análisis profundo de la problemática de poder que regía a América en la primera mitad del siglo.

Es importante resaltar su labor intelectual para que otros conozcan el interés que existió en ella por el destino de América. Este interés lo canalizó a través de expresiones escritas en lenguaje sencillo para comunicarse con su gente, modesta, trabajadora, marginada de los poderes centrales.

Fiel a un espíritu integracionista americano, Gabriela revitalizó el sueño de Bolívar, acorde al momento histórico en que estaba viviendo. Compartió también, con José Martí, un ideal de autonomía y libertad para el pueblo de América. Esta postura la llevó a denunciar la intervención norteamericana en Nicaragua y defender la causa de Sandino, entre otras.

Ante audiencias extranjeras pedirá por América y por la población indígena. En reunión con el Presidente Truman olvidará los protocolos y dará libre cauce a sus inquietudes, tal como relata el traductor de esa sesión:

"[...] Truman siguió: 'La felicito por el Premio Nobel'. Gabriela contestó: 'Muchas gracias, señor Presidente'. Truman continuó: '¿Le gusta Washington?'. Ella le dijo: 'Sí, mucho'. Yo comencé a darme cuenta que mi labor se estaba poniendo no fácil sino trivial, hasta que Gabriela, como ella acostumbra, quiso trascender lo convencional con un gran estallido. Y Gabriela dijo: 'señor Presidente, ¿no le parece una vergüenza que siga gobernando en la República Dominicana un dictador tan cruel y sanguinario como Trujillo?'. Truman, por supuesto, no contestó, limitándose a una

ancha sonrisa. Pero Gabriela siguió: 'Yo quería pedirle algo, señor Presidente; un país tan rico como el que usted dirige, debería ayudar a mis indiecitos de América Latina que son tan pobres, que tienen hambre, que no tienen escuela". Truman volvió a sonreírse sin decir nada, el embajador se puso nervioso y también el jefe de protocolo."[7] Ese interés por el continente, por sus ideales, por su integridad cultural, y por todos sus componentes son los valores que rescatamos de Gabriela Mistral.

El clamor de la tierra

Hace unos cincuenta mil años que el hombre habita este mundo y hasta hace unos treinta años atrás no tuvo oportunidad de salir fuera de él. La tierra ha sido su único hogar y su único sustento. Las comunidades que se organizaron en torno a ella la adoptaron como madre sagrada, llamándola también diosa protectora.

"La religión de la tierra, aun suponiendo —como algunos suponen— que no sea la religión más vieja de la humanidad, no muere fácilmente. Una vez consolidada en las estructuras agrícolas, los milenios pasan sobre ella sin alterarla. A veces se presenta sin solución de continuidad desde la prehistoria hasta nuestros días."[8]

La figura de la madre-tierra se ha transmitido por generaciones en casi todas las culturas: femenina, fecunda, nutricia y amante leal.

Civilizaciones hasta hoy han confiado en la magia benefactora de la naturaleza. De la explotación del suelo ha dependido siempre el hombre para subsistir. En la era contemporánea el cultivo del suelo no es algo nuevo y menos aún, prescindible.

La faena del agro —campesinos, recolectores, pastores y otros—, sin embargo, no ha estado a la altura que le compete al tipo de producción que nos ha alimentado por siglos, generando historia, haciendo dinero, pero quedando rezagada del derecho y la justicia social.

"Pocos recursos son más complejos que el suelo, que la misma tierra. Sus características afectan a muchas y diversas dimensiones de la vida social pese a que se trate de un recurso único, indivisible, integrado. Hubo civilizaciones que sacralizaron a la tierra, le otorgaron un estatuto divino para poder reflejar su complejidad, su potencialidad creadora. La civilización industrial, por el contrario, ha tratado de fragmentarla en componentes aislados, de equipararla a cualquier otra mercancía."[9]

---

[7]   Cfr. Teitelboim, Volodia, *op. cit.*, p. 293.
[8]   Eliade, Mircea, *Tratado de historia de las religiones*, México D.F., Ediciones Era, 1992, p. 282.
[9]   Warman, Arturo, "Tierra y desarrollo", en: XIV Congreso Interamericano de Planificación (SIAP), *Relación campo-ciudad: la tierra, recurso estratégico para el desarrollo y la transformación social*, México D.F., Ediciones SIAP, 1983, p.86.

La colonización de América fue una imposición de un dominio señorial traído del viejo continente. No se hablaba de campesinos o trabajadores de la tierra, ni de latifundios o terratenientes, sino de encomiendas y hacendados.

"La ideología señorial se compone de una serie de actitudes y creencias sobre la naturaleza de la tierra como elemento de rango, atesoramiento, poder y dominación social y sobre el carácter paternalista de las relaciones entre haciendas y campesinos dependientes".[10]

Incluso la aparición de las haciendas coloniales fue secundaria y para abastecer a la minería de la época. *"En el proceso de formación y consolidación de las haciendas, un aspecto esencial era cómo asegurar una mano de obra estable. Para ello, los hacendados utilizaron distintos procedimientos: fijación en sus tierras de indios siervos o libres; esclavitud de negros o de indios rebeldes; desposeimiento de sus tierras a las comunidades indígenas para obligar a sus miembros a trabajar para las haciendas. La población rural, según los países y regiones, se distribuía fundamentalmente entre la de las haciendas y la de las comunidades, tendiendo a ser cada vez más importante la establecida en las primeras."*[11]

El problema de la propiedad de la tierra ha sido una constante en el inicio de conflictos armados entre comunidades organizadas. El suelo, como mercancía, se ha medido en dos dimensiones: la superficie del territorio y la especialización de su uso o cultivo, pero no se tomaba en cuenta el factor humano que de ella dependía.

En el siglo XIX se acentuó el proceso de urbanización, pero el sistema económico de dominación impuesto en la Colonia no había desaparecido. La población seguía siendo mayoritariamente rural, y empezaba a quedarse atrás del progreso urbano.

Campesinos han existido siempre, pero tal designación resulta moderna ante los ojos de una América que vio los primeros esfuerzos por una reforma agraria recién en 1910 durante la revolución mexicana.

Al campesino *"[...] lo definían como el que está en otro lugar en lo que se refiere al espacio y, como el que no se encuentra si no es que ocasionalmente, al margen, en esta sociedad. El campesino no es de fuera, pero tampoco es de dentro. Es, en cierto sentido, un excluido. Es así como, excluido, los militantes, los partidos y los grupos*

---

10   García, Antonio, *Dinámica de las reformas agrarias en América Latina*, Santiago, Chile, Ediciones ICIRA, 1967, p.17.

11   Chonchol, Jacques,"La revalorización del espacio rural como uno de los ejes fundamentales del desarrollo futuro de América Latina", en: XIV Congreso Interamericano de Planificación (SIAP), *op. cit.*, p. 43.

14

políticos van a encontrarlo como si fuera un extraño que llega con retraso al debate político". [12]

El latifundio pudo concentrar hasta mediados del siglo XX el poder político, económico y social en América. Pese a esto, la estructura colonial que le precedía frenó el crecimiento de las sociedades, predominantemente agrícolas, lo que empobreció aún más al campesino que las servía.

Hacia 1930 se aprecia en Chile la crisis del viejo orden rural, y se observan los primeros movimientos proletarios en el campo. Los partidos comunista y socialista presionaban por una politización del agro, pero Pedro Aguirre Cerda, Presidente de la República, no cedió frente al sindicalismo campesino ni ante cualquier tipo de organización que hiciera perder el control político y electoral sobre el campo.

Los terratenientes supieron imponer el orden que les acomodaba. Después de la promulgación de la "ley de trabas" a la sindicalización campesina (1947), vino un período de flexibilización que culmina con una aparente reforma agraria bajo el gobierno de Jorge Alessandri, llamada también la "reforma macetero".

Una serie de sucesivas revoluciones en toda América, condujo al auge de reformas agrarias en 1960. *"En efecto, para contrarrestar la influencia política de la revolución cubana, el gobierno del presidente Kennedy propuso a los diversos países latinoamericanos el pacto de la Alianza para el Progreso, firmado en Punta del Este, Uruguay, en 1961. Por este pacto los gobiernos de América Latina se comprometían a realizar reformas estructurales, como la reforma agraria, en contrapartida de la ayuda norteamericana. Pero la mayoría de los gobiernos, controlados por élites conservadoras, se limitaron a aprobar leyes de reforma agraria sin acompañarlas de acciones de la necesaria envergadura".* [13]

Las demandas que Gabriela realizó en este sentido fueron canalizadas de una manera no oficial. En 1929, su amigo Pedro Aguirre Cerda le dedica su libro sobre la reforma agraria "El problema agrícola". Y en su última visita a Chile, mientras era recibida por el Presidente Carlos Ibáñez del Campo en el balcón de La Moneda, agradeció públicamente la realización de este proyecto, cuando éste todavía no existía.

Sin embargo, su ansiada pretensión de un cambio pacífico no fue acogida sino hasta una década después, cuando el movimiento social exigió un cambio radical y más violento.

---

[12]   Souza-Martins, José de,"Los campesinos y la política en el Brasil", en: Ed. González Casanova, Pablo, *Historia política de los campesinos*, vol. IV, México D.F., Siglo XXI Editores, 1985, p.13.

[13]   Chonchol, Jacques,"El desarrollo rural…" *op. cit.*, p.8.

Desde que Colón "pisó"... América

Gabriela Mistral se interesó por el tema indígena a partir de su acuciosa lectura de la realidad tanto de Chile como de la América española. Su autodefinición como indo-mestiza acentuó aún más su amor por el origen de la raza y del continente.

Contextualizar el tópico indio implica una serie de circunstancias dentro de las que cuentan como principales el proceso de conquista y colonización a lo largo de todo el continente. Ambos procesos marcaron el destino de la raza india; impactando fuertemente en la cultura, creando una nueva raza, sustentada en la violencia, la expoliación de terrenos, la esclavización de la raza indígena y en el genocidio.

La llegada del blanco a la América morena selló con sangre y muerte el destino de los aborígenes; los sentenció a la marginación y los desterró de su suelo sagrado. A partir de 1492, comenzó la cuenta regresiva para el indio, comenzó la extinción de sus formas de organización social, el desecho de sus ritos, costumbres y creencias. Con la llegada del blanco comenzó la "domesticación" del indio.

El concepto de domesticación alude al abuso de fuerza y poder del blanco en contra del indio. La prepotencia con que el europeo conquistó y colonizó al indio es la prueba del instinto de superioridad de los caucásicos respecto de los naturales de América.

El blanco se encargó de minimizar al indio en todos sus aspectos. En primer lugar lo redujo en un plano demográfico. De acuerdo con el historiador Luciano Pereña, durante los siglos XV, XVI, XVII y XVIII se produjo el mayor descenso de las castas indígenas, y no sólo por muertes, sino que también por el progresivo aumento del mestizaje.[14]

Este último hecho es importante de destacar, pues el proceso de mixtura racial fue el detonante de una serie de contradicciones a nivel socio-étnico. Con el mestizaje, que por cierto se inició desde que Colón arribó al nuevo continente, nace un nueva raza que a su vez instaura una forma de estratificación social.

Dicha jerarquización de clases marca el destierro del indio, el despojo de su identidad cultural y la transformación de su cosmocentrismo. Ángel Rosenblat, citado en el libro de Pereña describe *"El mestizaje fue esencial para la hispanización del continente. A diferencia del transplante de la sociedad en los pueblos indios por los puritanos ingleses, la colonización española realiza el mayor injerto de la historia a través del mestizaje."*[15]

---

[14]   Cfr. Pereña, Luciano, *Genocidio en América*, Madrid, Editorial Mapfre, 1992.
[15]   *Ibid.*, p. 372.

Entre el blanco y el indio no hubo un encuentro, sino más bien un choque de alto impacto, en el que el blanco se consagró como el supremo y el indio como el esclavo. El blanco se autodefinió amo y el indio por designación forzada, servidor.

Siglo tras siglo, el blanco perpetuó su dominio por sobre el aborigen. Ya instalado en América y seguro de su poder, sienta las bases del modelo occidental, que por supuesto entra en conflicto con el cosmocentrismo del indio. Este percibe la vida desde una perspectiva distinta a la del europeo. El autóctono está conectado con la naturaleza y especialmente con la tierra; él proviene de ella y todo se lo debe a ella.

El conquistador no entiende de la comunión entre hombre y naturaleza, desconoce el significado de "pachamama" (madre tierra) y de las bondades que emanan de ella.

Esta sumatoria histórica de luchas belicosas, de expoliación de tierras y reducción de masas indígenas se constituye en el precedente clave para entender los distintos procesos de desintegración de las sociedades indígenas. A partir de esta desintegración Gabriela comenzará a reflexionar sobre el tema del indio. La conquista y la colonia serán entonces los parámetros iniciales para internarse en los laberintos del cosmos indio.

Para sobrevivir en una sociedad que busca blanquearse a costa del olvido y la exclusión del indígena, veremos con los ojos de Gabriela, las limitaciones del indio para sobrevivir como extranjero en su propia tierra.

La mujer: "una lengua de intuición y música que iba a ser la lengua del género humano"[16]

La historia de las mujeres no es una historia simple. No en vano cuando hablamos de ella, hablamos de diversidad y pluralidad. Las mujeres componen un sistema propio de percepción y exteriorización de la vida.

Su historia versa sobre un universo compuesto por patrones culturales originales que premian la vida, la subsistencia, la cooperación y la armonía entre las personas. La mujer es la que mantiene la existencia en el más amplio aspecto que de ella se puede derivar. Desde la netamente biológica hasta un instintivo cuidado de los factores espirituales que permiten la sobrevivencia.

---

[16]   Olea, Raquel, "La Otra Mistral" en *Literatura y Libros,* nº 51, La Época, Santiago, Chile, 2 de abril de 1989, p.6.

Milenariamente se ha asociado la mujer a la tierra por su analogía de valores: *"[Para] los indios, la Tierra —Prithivia— es la madre del género humano; Démeter es a la vez la diosa madre y la personificación de la Tierra; en casi todas las mitologías se habla de la 'Madre Tierra'. En la tierra acontece la reproducción de la vida en sus formas más primitivas y la simbología arcaica vincula siempre la fecundidad de la hembra, así como vincula el arado al hombre que rasga a la mujer y la abre para la maternidad: arar la tierra es símbolo de cópula en los sueños y los mitos."*[17]

La mujer se había entregado a todas las formas de hacer viable la vida manteniendo un clima de respeto y cooperación entre los hombres, y entre éstos y la naturaleza. Le pertenecen no sólo la recolección, sino también las primeras ideas sobre agricultura y ganadería, asimismo la industria femenina a escala básica que produjo tejidos, cerámicas, medicina y la conservación de alimentos. Procesos que iban acorde a los ciclos de la naturaleza, respetando su regeneración y su vulnerabilidad a la codicia.

El quiebre de la relación hombre-naturaleza —armónica hasta entonces— se produce cuando el hombre comenzó a privilegiar su uso "racional" en miras del proceso de desarrollo que busca ganancias y acumulación de capital.

"La revolución científica de Europa transformó la naturaleza de terra mater en una máquina y una fuente de materias primas; con dicha transformación quedaron eliminadas todas las limitaciones éticas y cognoscitivas que impedían violentarla y explotarla. La revolución industrial convirtió la economía de prudente administración de los recursos para el sustento y satisfacción de las necesidades básicas en un proceso de producción de bienes para hacer el máximo de ganancias."[18]

No es posible determinar el inicio de la supremacía del pensamiento masculino, racional y jerárquico. Lo cierto es que existe una conciencia masculina y occidental que pretende dominar la naturaleza y a la mujer con argumentos que apelan a un proyecto de desarrollo basado en la productividad sin una ética de conservación.

"[Desarrollo] equivale a maldesarrollo, un desarrollo despojado del principio femenino, principio de conservación, principio ecológico. El desdeñar la obra de la naturaleza al renovarse a sí misma y la labor de la mujer al producir lo que satisface las necesidades básicas y vitales es parte esencial del paradigma de maldesarrollo que considera no productivo o improductivo todo trabajo que no dé ganancias y no genere capital."[19]

---

[17]   Sábato, Ernesto, "Trascendencia e inmanencia" en: Sábato, Ernesto, *Heterodoxia*, Buenos Aires, Editorial Seix Barral, 1991, p.61.

[18]   Shiva, Vandana, *Abrazar la vida. Mujer, ecología y supervivencia*, Montevideo, Instituto del Tercer Mundo, 1991, p. 19.

[19]   Ibid., p. 26.

Dentro de esta concepción de vida, el hombre postuló la racionalidad como el modelo objetivo de pensamiento que debía dominar en el mundo. Las cualidades netamente masculinas como la abstracción, la lógica y el poder fueron las que la población humana consideró como deseables.

Corrientes femeninas hicieron lo suyo, tratando de legitimarse en el mundo masculino a base de los valores que el hombre trataba de imponer. Con esta ideología nació el feminismo, en momentos que la mujer padecía la peor discriminación social, cultural, política y económica de sus valores.

Movimiento feminista

La lucha de las primeras feministas tiene lugar en países que se inician en el sistema capitalista y que tienen, por lo tanto, un alto grado de industrialización. Inglaterra y Estados Unidos ven nacer en su regazo al movimiento proletario y al movimiento feminista. Los dos pretenden que sus demandas —en vista de su precaria situación— sean escuchadas en la sociedad y en el gobierno.

Las mujeres que ingresan a las grandes industrias, abandonando el tradicional taller familiar para trabajar en igualdad de condición con el hombre, no reciben el mismo salario ni le son atendidas sus demandas. Tampoco son reconocidos sus derechos a intervenir públicamente en la toma de decisiones políticas, pero sí se encuentran llamadas a participar en la producción económica del país y a ser el pilar de la familia en tiempos de guerras mundiales. Este doble estándar las incita a proclamar en todas las esferas políticas y sociales, sus anhelos de igualdad.

En América y en Chile el movimiento feminista no tuvo las características violentas de sus antecesoras (*"Las sufraguistas [...] activan su campaña con tanto calor que su agresividad [...] hace vivir a Inglaterra, casi el clima de una guerra civil"*)[20]. Su posición estuvo más ligada a una concepción de diferencias y no de antagonismos con el sistema imperante.

Desde una conciencia femenina y consecuente con el rol maternal fue abriendo nuevos espacios de legitimación. Sin entrar nunca en la lucha abierta: *"[El] feminismo chileno entre 1900 y 1940 fue de tipo reformista o doméstico, en el que partiendo de una visión tradicional de sí (y no podría haber sido de otra forma), las mujeres buscaron, principalmente, la reivindicación de sus derechos civiles y políticos*

---

[20]   Caffarena, Elena, *Un capítulo en la historia del feminismo: las sufraguistas inglesas*, Santiago, Chile, Ediciones del MEMCH, 1952, p. 23.

desde una posición no rupturista. Su feminismo no cuestionó las estructuras globales de la sociedad, productoras de su discriminación."[21]

Pese al tono moderado de la lucha feminista en Chile, ésta también tuvo como aliciente la necesidad de participar en las decisiones políticas. La Ley Nº1884 negaba el voto a la mujer chilena quien, al igual que europeas y norteamericanas, se incorporaba en grandes cantidades al mundo laboral.

"[...] lo cual le hizo tomar conciencia de que el derecho a sufragio era uno de los medios más importantes para incorporarse a las decisiones nacionales, pudiendo así variar los rumbos de la política chilena [...]"[22] .

Las circunstancias histórico-políticas no impidieron a la mujer ingresar a la educación. Fue tal este interés que en 1920 *"disminuye el número de mujeres que trabajan y aparece en cambio un elevado rubro de mujeres que estudian: 150.154."*[23]

En Chile, sin dejar de lado la búsqueda de reivindicaciones feministas, las mujeres de la aristocracia e intelectuales motivaron la creación de sociedades benéficas, mutualistas, de acción social y perfeccionamiento intelectual.

Nombres como Delia Matte de Izquierdo, Amalia E. de Subercaseaux, Sara Hübner de Fresno, Inés Echeverría de Larraín, Amanda Labarca, y la propia Gabriela Mistral se incorporaron a las directivas de las nuevas organizaciones.

Las reacciones que generaron en la sociedad chilena estas nuevas corrientes feministas no se dejaron esperar. Los diarios de la época fueron la tribuna por donde desfilaron los discursos en contra y a favor. Sin embargo, es bueno recordar que en nuestros países suramericanos el feminismo no tuvo la fuerza radical de las demandas feministas norteamericanas y europeas. Sobre todo porque nuestras mujeres, pertenecientes al continente más pobre, han tenido que desviar sus fuerzas a la supervivencia de sus hijos.

Porque si bien *"Las mercancías han aumentado [...] la naturaleza se ha reducido. La pobreza del Sur se origina en la creciente escasez de agua, alimentos, forraje y combustibles, que va aparejada con el creciente maldesarrollo y la destrucción ecológica. Esta pobreza afecta más a las mujeres, primero porque son las más pobres entre los pobres, y segundo porque, junto con la naturaleza, son las principales sustentadoras de la vida."*[24]

---

[21]   Veneros, Diana, *Perfiles revelados. Historias de mujeres en Chile. Siglos XVII-XX*, Santiago, Chile, Editorial Universidad de Santiago, 1997, p. 59.

[22]   Maino, Valeria y Zegers, Isabel, "La mujer del siglo XX", en: Maino, Valeria et als, *Tres ensayos sobre la mujer chilena. Siglos XVIII-XIX-XX*, Santiago, Chile, Editorial Universitaria, 1978, p. 230.

[23]   Klimpel, Felícitas, *La mujer chilena. (El aporte femenino al progreso de Chile) 1910-1960*, Santiago, Chile, Editorial Andrés Bello, 1962, p. 150.

[24]   Shiva, Vandana, *op. cit.*, p. 27.

En este sentido la mujer indoamericana, en relación a las otras, ha mantenido casi intacto su rol de sustentador de la vida, reconociendo en él un compromiso ético con la preservación de la naturaleza para el próximo milenio. Respetando así su alianza ya mítica con la tierra.

Las cartas y los recados de Gabriela Mistral

El pensamiento de Gabriela Mistral, para los fines de este estudio, fue extraído de cartas dirigidas a amigos, escritores, políticos e intelectuales de Chile, y principalmente, de artículos que ella llamó "recados", publicados en diarios y revistas de Chile y del mundo, donde se destaca por su numerosa colaboración *El Mercurio* de Santiago de Chile y *Repertorio Americano* de Costa Rica.

Los "recados", son escritos de extensión similar a la de un breve ensayo, donde expone sus ideas, críticas y sugerencias de temas y personalidades del momento.

Sus primeros textos en prosa aparecen publicados desde 1905 en el periódico de Vicuña, *La Voz de Elqui*, y su producción literaria continuará ininterrumpidamente hasta 1954, fecha en que decae definitivamente su salud.

"Los 'recados' en prosa y verso surgen casi simultáneamente y a pesar de sus diferencias formales formaron un cerrado núcleo en esencia y contenido. Pero mientras los 'recados' en verso tienen su reino en Tala y sólo llegan a Lagar en el recado terrestre, los escritos en prosa se extienden desde 1934 hasta muy próximo a su muerte."[25]

Este género, creado por Gabriela Mistral, le sirvió para dar a conocer —como en una carta pública— su pensar sobre los pequeños y grandes asuntos de la primera mitad del siglo veinte.

"Los tiempos se van cargando tanto de trabajos, hasta para el más vacante, que se nos viene poquito a poco la tragedia del no poder comunicarse, del tener que renunciar a la carta lenta y noticiosa que antes se hacía para los amigos.[...]

"Pido, pues, que se me consienta esta especie de "carta para muchos" aunque no sea para todos, según las exigencias periodísticas. (Al cabo, director amigo, nadie escribe para todos, aunque así se lo crea...). Pido que se me acepte esta posta barroca, donde van comentos de sucesos grandes y chicos, de algunas hechuras que se quiere comentar, de esos que llamamos por allá [Chile] "ecos escolares", de tarde en tarde encargos duro-tiernos para mis gentes: duros por ímpetu de hacerse oír y tiernos por el amor de ella." [26]

---

[25]   Arrigoitía, Luis de, *op. cit.*, p. 284.
[26]   Ibid, p. 285.

Las cartas, dirigidas en su mayoría a conocidas familias chilenas e intelectuales de América —Familia Tómic-Errázuriz, Eduardo Frei Montalva, Alone, Eugenio Labarca, Pedro Prado, Eduardo Barrios, Isauro Santelices, Enrique Molina, Alfonso Reyes, Joaquín García Monge, entre otros—, son expresiones más íntimas de su pensamiento. En ellas se develan juicios, roces, dificultades e impresiones que venían de Chile o del país donde se encontrara.

"... Las incorporo [las cartas] por una razón atrabiliaria, es decir, por una loca razón, como son las razones de las mujeres. Al cabo de estos recados llevan el tono más mío, el más frecuente, mi dejo rural en el que he vivido y en el que me voy a morir."[27]

Gabriela usó una forma de expresión muy particular para su prosa. Su lenguaje se caracterizó por su estilo sobrio y austero, pero en tono coloquial. Buscaba apropiarse de personas y situaciones a través del lenguaje, haciéndolas más cercanas e íntimas. Creaba singulares términos que manifestaran su interioridad, sin caer en formalismos académicos.

Para ello utilizó formas verbales combinadas con pronombres —"se me han vuelto"—, y neologismos como "mujerío", "campesinería", "indiada", y otros que otorgan fuerza y vigor a sus ideas.

"Una de las maravillas de la Mistral es entregarnos arcaísmos o neologismos, palabras que no existían. En eso ha sido nuestra maestra."[28]

Mediante este lenguaje transmitió su manera afectiva de acercarse a la tierra, al indio y a la mujer. A través de la lectura de sus textos, es posible entender estos tres horizontes conectados de forma trascendente, asociados a una concepción de mundo integral, simbolizando culturalmente en cada caso el origen de la vida.

Tierra, indio y mujer son dimensiones discriminadas por la cultura occidental. Horizontes, que si bien existen y participan ocasionalmente en la sociedad, no son considerados relevantes al momento de tomar decisiones políticas, económicas o legislativas.

---

[27] *Ibid.*, p. 286.
[28] Quezada, Jaime, "Ser feminista no le interesaba", en *Revista de Libros*, El Mercurio, Santiago, Chile, 24 de julio de 1994, p. 8.

La tierra: el cuerpo que nos cobija

La tierra sagrada

La necesidad hizo salir al hombre en busca de alimento, casa y abrigo. Observó los movimientos de la naturaleza, le tomó el ritmo a la tierra y aprendió a transformarla a través del cultivo.

Recibimos desde los primeros pueblos que habitaron el mundo una especie de principio de sabiduría, que nos enseña a conocer y a querer a la tierra de la misma forma como quien ama a la madre que nos da la vida.

Gabriela retoma esta concepción y ata el vínculo sagrado con más fuerza: "*Desde que Dios sopló alma sobre el barro de Adán y puso ese cuerpo animado en un jardín, se fijó la alianza perdurable de alma, cuerpo y suelo. El alma pide el cuerpo para manifestarse y el cuerpo necesita de la tierra para que ella le sea una especie de cuerpo mayor que le exprese a su vez y que le obedezca los gustos y las maneras*".[29]

Alma, cuerpo y suelo están unidos en comunión intangible desde el principio de la historia: "*Dios puso al hombre en medio de un jardín para que lo regara la luz, lavaran los vientos sus pulmones y los perfumes del campo suavizaran su índole. Y si abandonamos la vida en medio de la naturaleza por no conocer su sentido profundo, debemos, cuando menos, hacernos un remedo de ese don aquí, donde levantamos la casa absurda. Este remedo, exiguo pero tierno, es el pequeño jardín fa-*

---

[29] Mistral, Gabriela, "Conversando sobre la tierra" (San Juan, Puerto Rico, 1931), en: Ganderats, Luis Alberto, *Antología Mayor,* vol. II, Santiago, Chile, Editorial Cochrane, 1992, p. 274.

miliar, donde debe jugar el niño, para conocer e ir amando, desde sus primeros pasos en la luz, a su otra madre, la tierra oscura".[30]

Gabriela acota: *"Los hombres tenemos que decir al revés de San Juan el Evangelista: 'En el comienzo era la tierra'[....]."*[31] Porque el suelo es el que contiene al hombre, lo sustenta a diario y le permite manifestarse en toda su dimensión: *"Y sembradores de campos o pueblos, todos han mirado con reverencia a la tierra como al mayor hecho que existe. No sólo el cielo es la cara de Dios"*.[32]

El amor que Gabriela le profesa a la tierra no es simple locuacidad de poeta, al contrario, para ella: *"No hay vigor sin el contacto con la tierra"*.[33] Porque para transmitir gozo al alma y energía al cuerpo es necesario el *"coloquio de pecho a pecho con la tierra"*.[34] De aquel diálogo el niño aprehende el conocer la vida y se forma en la ternura de un segundo regazo.

"No es sensiblería de poeta decir que el roce de una corola enternece y dulcifica. Ignoran los finos movimientos del alma quienes no saben que la contemplación de una tarde —la hora pura por excelencia— limpia la pupila de las fealdades del día. Mirar subir el sol de nuestra Cordillera es un salmo que hace cantar la sangre desde las entrañas y abre los labios en un grito de alabanza."[35]

Todo el esplendor de la Creación reluce asentado en la Tierra. Su superficie es la cuna que nos mece, al mismo tiempo que es la madre que nos cuida: *"La tierra es el sostén de todas las cosas y no hemos creado todavía otra mesa que soporte nuestros bienes"*.[36] En ella se desarrolla toda la vida y por ella aprendemos a coexistir como hermanos unidos en el mismo altar.

Los hombres de la tierra son cálidos y activos porque lograron sentir su pulso y vibrar al ritmo de la naturaleza. Entraron en contacto con el suelo y se conectaron con el alma propia y llenándola de regocijo natural: *"No se trata solamente de campesinos. El peón mueve y remueve el suelo; los demás que cruzan el*

---

[30]   Mistral, Gabriela, "La tierra: los jardines" (Junio, 1922), en: Ed. Scarpa, Roque Esteban, *Elogio de las cosas de la tierra,* Santiago, Chile, Editorial Andrés Bello, 1980, p. 22-23.

[31]   Mistral, Gabriela, "Conversando sobre la tierra", en: Ed. Ganderats, Luis, *op. cit.*, vol. II, p. 273.

[32]   Mistral, Gabriela, "La tierra: los jardines", en: Ed. Scarpa, Roque, *Elogio... op. cit.*, p. 26.

[33]   Mistral, Gabriela, Carta XXV (Perugia, julio/agosto de 1924), en: Ed. Vargas Saavedra, Luis, *Epistolario de Gabriela Mistral y Eduardo Barrios,* Santiago, Chile, Centro de Estudios de Literatura Chilena, Pontificia Universidad Católica, 1988, p. 68.

[34]   Mistral, Gabriela, "Infancia rural" (El Mercurio, Santiago, 23 de diciembre de 1928), en: Ed. Cid, Hugo Marcos, *El recado social en Gabriela Mistral*, Santiago, Chile, Ediciones Primicias, 1990, p. 34.

[35]   Mistral, Gabriela, "La tierra: los jardines", en: Ed. Scarpa, Roque, *Elogio... op. cit.*, p. 25.

[36]   Mistral, Gabriela, "Conversando sobre la tierra", en: Ed. Ganderats, Luis, *op. cit.*, vol. II, p. 273.

ingenio o el viñedo pueden no haber cortado nunca un sarmiento, pero participan de ese paisaje tanto como el hombre doblado encima de la cepa [....]."[37]

El trabajo de la tierra conmueve a las personas, las enaltece transmitiéndoles una energía especial, dignificadora: *"Estoy alegre, dice el hombre de fe, porque trabajo en este solar de Dios que es el mundo. Él quiere mirar verdes las tierras de labor y me empuja hacia los surcos, en los que quedo hasta que se van borrando de sombra".*[38]

El hombre que no participa del sentido telúrico de la vida se agrede a él mismo, no permite que su cuerpo se realice en el escenario que mejor lo expresa. Restringe sus sentidos porque madura bajo un sol desnudo que alumbra, pero quema: *"No se vuelve la tierra cuya índole es de la tarasca esta joya redondeada que echa luces [jardín], sino cuando pasa a ser parte del cuerpo nuestro y su roña nos atañe y nos aflige."*[39]

La tierra no es algo ajeno a las personas, está allí y su cuidado es responsabilidad de todos. Podría parecer que Gabriela anticipa los movimientos ambientalistas de nuestra época, pero en su discurso no busca confrontarse a nada ni nadie. Sólo pretende remecer la pereza de los hombres y mostrarles el sentido perdido de la vida.

La tierra que está baldía hambrea y envilece a su gente, pero el daño no se lo provoca a sí misma. Es el hombre quien no se ha encontrado con la esencia de la felicidad: *"Donde la tierra es bárbara de matorral ciego y de peñascos, está bárbaro el hombre, aunque tenga escuelas, plazas y portadas ostentosas de haciendas".*[40]

El hombre fue entrando en la barbarie porque perdió el vínculo sagrado que lo unía a la tierra. El principio de sabiduría de los primeros pueblos agrarios fue reemplazado por la técnica y la mecánica.

"Hay que saber, para aceptar esta afirmación, lo que significa la tierra para el hombre indio; hay que entender que la que para nosotros es una parte de nuestros bienes, una lonja de nuestros numerosos disfrutes, es para el indio su alfa y su omega, el asiento de los hombres y el de los dioses, la madre aprendida como tal desde el gateo del niño, algo como una esposa por el amor sensual con que se regodea en ella y la hija suya por siembras y riesgos".[41]

---

[37] *Conversando sobre la tierra,* en Ed. Ganderats, Luis. Op. cit, vol. II, pág. 274.

[38] Mistral, Gabriela, "El sentido religioso de la vida. Extractos de una conferencia". (¿1916/1924?), en *ibid.,* p. 292.

[39] Mistral, Gabriela, "Los perfumes de Grasse" (Avignon, diciembre, 1929), en *ibid.,* p. 584.

[40] Mistral, Gabriela, "Una provincia en desgracia: Coquimbo" (El Mercurio, Santiago, 1925), en: Ed. Quezada, Jaime, *Gabriela Mistral: Escritos políticos,* Santiago, Chile, Fondo de Cultura Económica, 1994, p. 55.

[41] Mistral, Gabriela, "El pueblo araucano" (Fragmento de La Nación, Buenos Aires, 17 de abril de 1932), en *ibid.,* p. 48.

Según esta concepción el hombre blanco no ha sabido comprehender el carácter sabio, fecundo e intenso que la tierra exhala con cada latido de la naturaleza. *"Nosotros, gentes perturbadas y corrompidas por la industria; nosotros, descendientes de españoles apáticos para el cultivo, insensibles de toda insensibilidad para el paisaje, y cristianos espectadores en vez de paganos convividores con ella, no llegaremos nunca al fondo del amor indígena por el suelo, que hay que estudiar especialmente en el indio quechua, maestro agrario en cualquier tiempo".*[42]

"La maternidad perfecta"[43]

Gabriela intenta redescubrir la dicha olvidada en el tiempo, perdida en el ajetreo de las ciudades. *"Hace mucho tiempo que pienso en escribir algo así; un elogio de los espíritus altísimos y desconocidos que son la sal de la tierra, la luz del mundo, como dice la parábola."*[44]

Con este propósito no sólo inspira su poesía, sino que además hace suyo el trabajo campesino, enseñando en escuelas rurales, promoviendo los derechos del pequeño agricultor y cultivando la tierra, su verdadera pasión.

Escribe a un amigo: *"Ahora, Isauro, tengo el descubrimiento de un tesoro: el de la tierra de Dios, que me da una paz casi sobrenatural, un sosiego que tiene algo de infinito. Trabajo un huerto menudo, haciendo hortaliza y jardín. No sé decirle el encantamiento que me da este ejercicio nuevo, el olvido de mis penas, la creación de una nueva vida [....]"*[45]

Gabriela camina hacia su tierra prometida, el paraíso perfecto: el Elqui de su infancia. Su intención es captar cada movimiento de la naturaleza no sólo para retratarlo en un verso, sino para sentir la energía vital de la Tierra entrando por todo su cuerpo: *"Hubiera querido caminar sobre el campo toda esa noche; sentir ese mundo nocturno potente como en su primera creación".*[46]

---

[42]   Mistral, Gabriela, *"El pueblo araucano"* , en ibid., pág. 48.

[43]   Mistral, Gabriela, "Lectura para mujeres (Introducción, 1923), en: Scarpa, Roque Esteban, M*agisterio y niño*, Santiago, Chile, Editorial Andrés Bello, 1979, p. 108.

[44]   Mistral, Gabriela, Carta N° XXV (Los Andes, 1915/1916), en: Ed. Silva Castro, Raúl, *Gabriela Mistral, Epistolario. Cartas a Eugenio Labarca 1915-1916,* Santiago, Chile, Ediciones de los Anales de la Universidad de Chile, Serie Roja N°13, 1957, p. 51.

[45]   Mistral, Gabriela, Carta N° IV, a Isauro Santelices (La Serena, 30 de junio, 1925), en: Ed. Ganderats, Luis, *op. cit.*, vol. III, p. 133.

[46]   Mistral, Gabriela, "La noche del trópico" (El Mercurio, 7 de diciembre de 1922), en: Ed. Vargas Saavedra, Luis et als, *En batalla de sencillez: de Lucila a Gabriela (Cartas a Pedro Prado 1915-1939),* Santiago, Chile, Ediciones Dolmen, 1993, p. 69.

Desde un principio se identificó profundamente con el mundo rural, que paradojalmente es el más desprovisto de tierra propia.

El campo le entregó vida, salud y felicidad; y ella sintió que en él podía encontrar la compañía ideal, consagrándose materialmente a formar y preservar el alma de lo campesino.

"Pero el pueblecito [Compañía Baja] con mar próximo y dueño de un ancho olivar a cuyo costado estaba mi casa, me suplía la falta de amistades. Desde entonces la naturaleza me ha acompañado valiéndome por el convivio humano; tanto me da su persona maravillosa que hasta pretendo mantener con ella algo parecido al coloquio... Una paganía congenital vivo desde siempre con los árboles, especie de trato viviente y fraterno [....][47]

Adoptó así una concepción espiritual de la maternidad donde proyectó el anhelo de ser madre a los hijos de toda América.

De esta forma, la Tierra-Gabriela podría ser la tercera persona después de Lucila y Gabriela. Pero va más allá de ambas, trasciende todo oficio y cualquier limitación. Es una mujer hecha de tierra americana, a la vez que es madre de lo rural-universal. Muy distinta de la imagen internacional que, según pudo observar, los santiaguinos se hacían de ella.[48]

"El único amor que me va quedando en la vida es el de la naturaleza, y hasta un punto tal que no sabría yo decírselo".[49] La Tierra-Gabriela es una elaboración superior a ella misma, es su propia voluntad convertida en el regazo y protección de todos. Ella es la misma cordillera tutelar que refugia el alma de América.

"Yo no sé si la Madre Ceres trepada en un aeroplano 1931 sentiría humillación más grande que la mía de ver su tierra reducida a pizarra con palotes y cuadrados infantiles. Porque yo soy tan terrestre como ella, y siento humillación y me duele".[50]

La sagrado y lo pagano se mezclan para conformar este todo mayor que guía y resguarda al pueblo americano. Ceres y Ghea, diosas de la Tierra, el hogar y la agricultura son transportadas a territorios mayas, aztecas e incas y entran en conjunción con *"[....] la montaña, caja de metales y maternidad de nuestra vida"*[51], de allí nace la Tierra-Gabriela.

---

[47]   Mistral, Gabriela, "El oficio lateral", en: Ed. Ganderats, Luis, *op. cit.*, vol. II, p. 206.

[48]   En carta a Eduardo Barrios comenta insultada que en Santiago se inventó "a pleno gusto, una Mistral sin patria, 'internacional como el comunismo' [....] sorda a los suyos, soberbia y engreída". [Carta N°XXXII, Rapallo, 1951 en: Ed. Vargas Saavedra, Luis, *Epistolario... op. cit.*, p. 86].

[49]   Mistral, Gabriela, Carta N°1, a Isolina Barraza de Estay, (1946), en: Ed. Ganderats, Luis, *op. cit.*, vol. III, p. 409.

[50]   Mistral, Gabriela, "Un vuelo sobre las Antillas" (Santo Domingo, agosto, 1931), en: Ed. Ganderats, Luis, *op. cit.*, vol. II, p. 98.

[51]   Mistral, Gabriela, "El signo de la acción" (El Mercurio, Santiago, 14 de marzo, 1957), en: Ed. Quezada, Jaime, *op. cit.*, p. 44.

"A veces creo, padre —otra vez la paganía—, que el hombre no tiene más cura que esta agua remansada y verde que es la Ghea (no recuerdo si se escribe con o sin hache): tierra, hierba, pájaros y bestias..."[52]

Incluso hay quienes llegan a pensar que *"Ella es la Madre Gea que inventaría —o inventa— un país imaginario —su país—... Es la huerta, el jardín humilde de las viejas aldeanas como ella; pero es más huerta que jardín, pues éste ya le parece demasiado lujo"*.[53]

Nuestra tierra

Gabriela Mistral recoge del suelo chileno, especialmente de la tierra del valle de Elqui, todas las bienaventuranzas para el hombre, enseñándoles la lealtad al campo y la virtud de la tierra para que aquella masa ultra rural no sea avasallada por el odio de las ciudades.

Porque la ciudad perdió el vínculo sagrado con la tierra, y se dejó caer en la barbarie, olvidando el cultivo, desprestigiando al agro frente a las industrias y marginando social y económicamente al campesino.

La intención de Gabriela es reencontrar al hombre americano con la Tierra, devolviéndole así el alma al suelo, como era en el principio.

En su rol de madre y formadora buscará revalidar la tierra ante las miradas indiferentes: *"Otra forma de patriotismo que nos falta cultivar es esa de ir pintando con filial ternura, sierra a sierra, río a río, la tierra de milagro sobre la cual caminamos"*.[54]

Porque: *"Parece que los hijos de cualquier tierra la queremos, no sólo abastecedora, sino hermosa"*.[55]

En su peregrinar por el mundo siempre se referirá al valle de Elqui como el modelo de comunión perfecta entre el hombre y la tierra: *"[....] Es el clima por excelencia de Ceres, seguro, estable: clima de matriz de tierra o de mujer. [....] Allí vivir se llama complacencia y seguro, destino natural del hombre hijo de Dios."*[56]

---

[52] Mistral, Gabriela, Carta N° VII, a Gabriel Méndez Plancarte (México, 20 de septiembre de 1949), en: Ed. Ganderats, Luis, *op. cit.,* vol. III, p. 477.

[53] Oyarzún, Luis, *Diario íntimo,* Santiago, Chile, Departamento de Estudios Humanísticos, Universidad de Chile, 1995, p. 547.

[54] Mistral, Gabriela, "Lectura para mujeres", en: Cecereu Lagos, Luis, "Evocación telúrica en la prosa de Gabriela Mistral", en *Aisthesis,* Revista del Instituto de Estética de la Pontificia Universidad Católica. N°11, Santiago, Chile, 1978. p. 71.

[55] Mistral, Gabriela, "Geografía humana de Chile" (Discurso en la Unión Panamericana, Washington, 1939), en: Ed. Ganderats, Luis, *op. cit.,* vol. II, p.27.

[56] Mistral, Gabriela, "Pequeño mapa audible de Chile" (El Mercurio, 21 de octubre de 1931), en *ibid.,* p. 22.

El valle de Elqui cobijó su infancia, de él aprendió a entender con cabalidad los procesos cíclicos de la vida, como la maternidad, el crecimiento, la muerte, o simplemente el ir y venir de las cosas.

La que fue su *"patria chiquita"*[57] le sirvió siempre de modelo perfecto para referirse a las bondades de la tierra, y de cómo el hombre sublima el cultivo en aras de un bien común que trasciende la relación social:

"Pequeñez, la de mi aldea de infancia, me parece a mí la de la hostia que remece y ciega al creyente con su cerco angosto y blanco. Creemos que en la región, como en la hostia está el Todo; servimos a ese mínimo llamándolo el contenedor de todo; y esa miga del trigo anual que a otro hace sonreír o pasar rectamente, a nosotros nos echa de rodillas".[58]

Gabriela conoció también la majestuosidad de las formas telúricas, belleza que escapa de la mirada trivial, que en cambio ella sí advirtió: la tierra, al igual que el útero materno, posee la belleza de ser el origen de la vida.

"Cuando yo era niña y preguntaba a mi madre cómo era dentro la Tierra, ella me decía: Es desnuda y horrible. Ya he visto, madre, el interior de la Tierra: como el seno abullonado de una gran flor, está lleno de formas, y se camina sin aliento entre esta tremenda hermosura".[59]

Gabriela al acercarse a la Tierra inició un proceso de conversión espiritual, que la llevó a adquirir la personalidad de madre universal, personificando en sí misma la propia Tierra.

"... Voy conociendo el sentido maternal de todo. La montaña que me mira también es mi madre...".[60]

Los elementos de la naturaleza conformaron su familia, sintió a cada uno de ellos de una manera especial, internándose en el corazón de la Tierra, hasta conocerla profundamente y ser parte de ella.

Los ríos, bosques, montañas, el valle y el trópico son extensiones de su propio ser. Su organismo funciona a través de ellos: la montaña es su regazo y el trópico su alma, los que emanan de su cuerpo con actitud maternal.

---

57   Mistral, Gabriela, "Breve descripción de Chile" (Anales de La Universidad de Chile, 1934), en: *ibid.*, p. 14.
58   *Ibid.*, p. 15.
59   Mistral, Gabriela, "Las grutas de Cacahuamilpa", en: Ed. Ganderats, Luis, *op. cit.*, vol. II, p. 102.
60   Mistral, Gabriela, "Lectura para mujeres", en: Cecereu Lagos, Luis, *op. cit.*, p. 71.

"Pasión agraria"[61]

En el pensamiento mistraliano, la vida de campo a la que alude el capítulo, no es la representación pueril de la colonia chilena y su posterior proceso de urbanización condicionado a la voluntad del dueño de fundo; tampoco es la visualización típica del roto chileno o del huaso encopetado. El campesino al que Gabriela se refiere es el hombre que cultiva la tierra, el labrador quechua, mapuche, mestizo, americano, hombres o mujeres que trabajan el campo y rescatan sus frutos para el bien de toda la humanidad.

La vida de campo es aquella que no se ha rebajado de la libertad a la servidumbre[62]. La propia Gabriela escribe: *"la clase campesina comprende de un 50%, un 70%, 80% formidables en aquellas poblaciones [americanas]. No se puede olvidar eso, vivir al margen de semejante hecho, por ignorancia, si no por malicia, bizca y perversa"*.[63]

Su origen humilde en Elqui lo lleva impregnado en su vida y espíritu: *"En cierta manera yo hablo por esa masa a la que pertenezco en cuanto a persona sin tierra, pero que forma parte de una tierra, en nombre de esa masa a la cual le ocurre la desgracia de que se despierta un día sabiendo que su provincia dejó de ser cubana, chilena o venezolana, sin que ella supiese el cómo ni el cuándo de su desgracia"*.[64]

La gente del campo es la gente de la tierra, *"[....] la zona rural, la zona verde, donde las estaciones son reales, donde las lecciones objetivas no se vuelven fraude"*.[65] Aquella que está en comunidad con el suelo, *"[....] la infancia en el campo, el coloquio de pecho a pecho con la tierra, la amistad con las bestiecillas y la convivencia con la vegetación[....]"*[66], son quienes *"tuvieron el amamantamiento con la leche gruesa y vigorosa del campo"*.[67]

La "Pasión Agraria" de Gabriela no despierta de repente: *"yo soy campesina por la sangre y el ojo con viña y espiga"*[68], y se declara: *"campesina de*

---

[61]   Título de un recado de Gabriela Mistral publicado en *Repertorio Americano*, 1929.

[62]   Mistral, Gabriela, "El estado gendarme" (Carta dirigida a Benjamín Carrión, 1957), en: Ed. Cid, Hugo Marcos, *op. cit.*, p. 35.

[63]   Mistral, Gabriela, "Pasión agraria" (*Repertorio Americano*, 1929), en *ibid.*, p. 40.

[64]   Mistral, Gabriela, "Conversando sobre la tierra" (San Juan Puerto Rico, 1931), en: Ed. Ganderats, Luis, *op. cit.*, vol. II, p. 272.

[65]   Mistral, Gabriela, "Infancia rural" (El Mercurio, 23 de diciembre de 1928), en: Ed. Cid, Hugo Marcos, *op. cit.*, p. 34.

[66]   *Loc cit.*

[67]   *Loc. cit.*

[68]   Mistral, Gabriela,"Sobre Marta Brunet" (París, junio, 1928), en: Ed. Ganderats, Luis, *op. cit.*, vol. II, p. 348.

origen, campesina de costumbres y campesina voluntaria o deliberada, para que el problema le golpee el corazón después de quemarle los ojos con los que ha mirado la venta paulatina de la América nuestra"[69].

"*¿Qué somos, para convencer a nuestros capitanes políticos de que la colonia era latifundio y que no hemos salido de la colonia?"*[70], así demanda la concreción de una reforma agraria, treinta años antes de cualquier indicio de repartición de tierras en Chile. Y no pierde la ocasión para proclamar durante su último viaje a Santiago en 1954, en La Moneda y frente al Presidente Ibáñez, que: "*Por fin, hay interés vivo en que el hombre de campo puede llegar a tener dónde apoyar su cabeza. Se trataban muchas cosas, algunas bastante necesarias, pero ninguna de tanta trascendencia como la de ayudar al campesino a realizar sus sueños. Esto es de una justicia de un tamaño que no se puede medir".*[71]

Quizás Gabriela pudo adelantarse a los hechos, tal vez por alguna mala información que llegara a sus oídos, o por alguna picardía de su buen humor; pero lo que es cierto es que ya en 1928 exigía los mismos derechos para el campesinado: "*La noticia me llega de Chile sobre una acción agraria decorosa y salvadora, me endereza de un gozo que no sé qué decir. Escribirme contándome que mi madre se ha puesto joven y fuerte no me llenaría de mayor complacencia [....] una ley agraria nace cuando en un pueblo madura la conciencia, se permea de equidad".*[72]

Por esto debemos entender su pensamiento agrario no sólo en el contexto enfrentado al crecimiento desmesurado de lo urbano, sino también respecto a su propio sentir rural reforzado por la posibilidad única de viajar, observar y conocer toda la América.

"*Mientras la tierra es nuestra, existen todas las posibilidades, porque la creación tiene dónde asentar los pies. [....] Pero venga la pérdida del suelo; cambie de dueño la mina que alimenta a una ciudad; pasen definitivamente el cafetal y los cafetales a manos lejanas; váyasenos el depósito de salitre de nuestro poder; en una palabra córrasenos debajo de las plantas el territorio como una bandeja, y se han acabado con la realidad de la tierra defectuosa, pero susceptible de orden, todas las posibilidades de hacerla perfecta."*[73]

[69]   Mistral, Gabriela, "Conversando sobre la tierra", en *ibid.*, p. 275.
[70]   Mistral, Gabriela, "Pasión agraria", en: Ed. Cid, Hugo Marcos, *op. cit.*, p. 39.
[71]   Mistral, Gabriela, "Gabriela Mistral habla al pueblo" (Discurso a su llegada a Santiago, desde La Moneda, 9 de septiembre de 1954), en *ibid.,*, p. 94.
[72]   Mistral, Gabriela, "Agrarismo en Chile" (Avignon, 1928), en *ibid.*, p. 45.
[73]   Mistral, Gabriela, "Conversando sobre la tierra", en: Ed. Ganderats, Luis, *op. cit.*, vol. II, p. 273.

De esta forma el retrato del abandono del campo, no es una posición pesimista frente al desarrollo de las sociedades, sino un recordatorio del propio olvido humano de las virtudes de la Tierra, una manera de reencontrar al campesino *"hombre primero, en cualquier país agrícola; primero por su número, por su salud moral, por la noble calidad de su faena civil, sustentadora de poblaciones y el primero principalmente, porque ha donado el suelo, y lo maneja después de cien años con una como dulzura dichosa"*[74] con la modernidad, la cultura industrial, la sociedad de masas, la paz después de la guerra y por sobre todo con la propiedad perdida hace más de cuatro siglos.

La tragedia del campo

"Las que llamamos pérdidas o conflictos o problemas son pequeñeces mientras la tierra permanece nuestra. La única tragedia verdadera es su enajenamiento".[75] Este texto pareciera concentrar todo el pensamiento social agrario que Gabriela pretende transmitir a su pueblo, y donde más se refleja el vínculo entre el campo y las virtudes de la Tierra, ya que no es sólo la falta de éste, sino un despojo de algo que era nuestro y que por naturaleza nos contenía tanto como la madre al hijo.

Podría desprenderse una constante histórica de esta separación que la misma autora trata de interpretar a través de la imposición de un dominio externo cargado de valores utilitaristas muy distintos a los que la Tierra-Gabriela intenta enseñar. Desde esta perspectiva el hombre americano ha sido enajenado de sus derechos desde la conquista española hasta el proceso de industrialización tardía, período contemporáneo a la Mistral.

Así concibe que: *"el alejamiento de la tierra, al que se ha llamado uno de los aspectos de la civilización, es un camino imperceptible pero cierto hacia otra barbarie"*[76], barbarie que podría interpretarse como la pérdida de estos valores, virtudes y conductas que entrega el trabajo de la tierra.

Con el descubrimiento y posterior conquista de América por los españoles, Gabriela aprecia que los indios *dejaron caer el gusto del cultivo,*

---

[74]   Mistral, Gabriela, "Coquimbo: una provincia en desgracia" (El Mercurio, 13 de septiembre 1925), en: Quezada, Jaime, *op. cit.*, p. 55.

[75]   Mistral, Gabriela, "Conversando sobre la tierra", en: Ed. Ganderats, Luis, *op. cit.*, vol. II, p. 273.

[76]   Mistral, Gabriela, "La tierra: los jardines" (Junio, 1922), en: Ed. Scarpa, Roque, *Elogio... op. cit.*, p. 24.

abandonaron la lealtad a la tribu, que derivaba de la comunidad agrícola, olvidaron el amor de la familia, que es [....] una especie de exhalación del suelo, y [....] fueron reentrando lentamente en la barbarie"[77].

Hace cuatro siglos ya que "el indio pelea por su suelo con la conciencia más lúcida de que esta tierra lo es todo, que con ella quedan ganadas o perdidas todas las cosas".

"Cuán bien supo que vio la llamada gente ciega que ceder la tierra era perderse y además perecer. Con la tierra todo había de irse: la mujer, el niño, los hábitos, los dioses, la razón de vivir y la alegría."[78]

Sin embargo el hombre del campo americano pareciera no haberse dado cuenta aún de esta situación. Al reconstruir la línea central del argumento agrario surge claramente la contraposición campo-ciudad/urbano-rural, símbolos del proceso de civilización. Gabriela no sólo se molesta por esta división y el consecuente deterioro de lo uno en beneficio del bienestar del otro, sino que también hace un llamado a la sociedad para que enmiende este error de tantos años.

¿Por qué una reforma?

Gabriela es una mujer de su pueblo, no se puede olvidar eso, porque de otra manera no se explicaría su verdadera pasión por el campo y el ahínco con que describe estas realidades que conoce muy de cerca. Por esto su empeño no sólo es hacer notar el olvido en que se encuentra la tierra sino que además estimular y enseñar a los suyos, incluyendo los propios campesinos y las autoridades, en cómo dignificar la tarea del cultivo.

La mayoría de estos textos fueron escritos para Chile y publicados en *El Mercurio,* por lo que no se puede decir que su pensamiento era sólo una corriente intelectual adoptada en forma pasajera. Al contrario, para Gabriela era un sentir mucho más profundo y tan arraigado como una religión o una ideología. Y así lo demuestran sus intervenciones constantes en favor de una Reforma Agraria.

---

[77] Mistral, Gabriela, "El pueblo araucano" (1932), en: Ed. Quezada, Jaime, *op. cit.,* p. 48. Se debe considerar que tanto el indio como el campesino, Gabriela los siente en su sangre y, no sólo les profesa un gran cariño sino también se dedica a su estudio histórico-práctico revelado en estos textos.

[78] Mistral, Gabriela, "Gabriela Mistral, los indios y Ercilla. Prólogo inédito de Gabriela Mistral a La Araucana de Don Alonso de Ercilla y Zúñiga" en: Ed. Vargas Saavadra, Luis, *Taller de Letras,* Pontificia Universidad Católica de Chile, N° 20, Santiago, Chile, 1992, p. 38.

El problema entonces no era hablar del tema sino promoverlo como base de la cultura americana. *"[....] Lo que pedimos es no sólo ser ayudados con el dólar y la maquinaria, sino ser entendidos, sobre todo ser comprendidos"*[79] .

En los momentos en que América comenzaba una incipiente industrialización, Europa ya conseguía para sus obreros códigos del trabajo y previsiones sociales: *"El obrero industrial acapara toda la atención de los llamados partidos democráticos en esos países. [....] Del campesino en Chile y en otros países, nadie se acuerda. Y esto muestra bastante la calidad de la conciencia y la sinceridad democráticas de los candidatos"*.[80]

Por esto Gabriela se compromete con la educación y la conciencia social: *"Alguna vez han de dar signo de sí y echar vagido esas masas campesinas que hacen horizonte como la hierba, y que siguen allá, ausentes de la pasión política."*[81] Ella misma observa: *"Semejante mansedumbre ha hecho concebir esperanzas excesivas a los terratenientes. 'Si ellos no se mueven, ¿a qué moverlos?', dicen. Han de estar contentos de vivir en suelo prestado. 'Déjenlos tranquilos'. Yo he mirado siempre como cosa sobrenatural la paciencia campesina en la América. Se parece a la larga paciencia de Dios, de que hablan los teólogos. Pero un estado no puede contar con lo sobrenatural como una 'naturaleza'"*.[82]

Dirige enérgicamente sus denuncias a los terratenientes, acusándolos de preservar la agresión histórica en contra del suelo y de su gente. A su vez demanda que el Estado se 'agrarice', tome conciencia y respete lo rural, en lugar de consentir el abandono por su despreocupación política: *"El latifundio chileno forma parte del bloque de crueldad conquistadora y colonial; pero teniendo una porción grande, de delito tiene más, mucho más aún de estupidez y de estupidez criolla. El gran pecador es aquí el Estado; se exhibe con una imbecilidad verdaderamente 'soberana'"*.[83]

La pérdida del suelo es una desgracia que se debe corregir, por tanto son los políticos quienes deben intervenir: *"Mucho necesitaba ya la democracia manca que es la nuestra, preocupada, desde hace cinco años, de Códigos del trabajo, habitación urbana y otras asistencias honestas al obrero, volver la cara hacia el campesino, darse cuenta de él y agrarizarse un poco"*.[84]

El "agrarizarse" consiste en reconocer y dignificar la presencia vital del campesino como hombre de la tierra en toda sociedad; no significa sólo

---

[79]   Mistral, Gabriela, "La faena de nuestra América", en: Quezada, Jaime, *op. cit.*, p. 157.

[80]   Mistral, Gabriela, "Pasión agraria", en: Ed. Cid, Hugo, *op. cit.*, p. 40.

[81]   *Ibid.*, p. 39

[82]   Mistral, Gabriela, "Agrarismo en Chile", en *op. cit.*, p. 46-47.

[83]   Mistral, Gabriela, "Gabriela Mistral y la Reforma Agraria en Chile", en: Cid, Hugo, *op. cit.*, p. 54.

[84]   Mistral, Gabriela, "Agrarismo en Chile", en *op. cit.*, p. 44.

recompensar sus viejas lealtades, es muy importante además re-merecerlo en sus virtudes y poder borrar de sus vidas la miseria en que se les ha sumido.

"No hay, entre lotes de desventura, que son tantas en este mundo labrado célula a célula para la desgracia, no hay lote como el inquilinaje nuestro. Desgracias que el campesino se da —alcoholismo, pereza, indiferencia, suciedad—; desgracias que le dan: el salario impío, el atropello cotidiano y diverso, en la propiedad (cuando la tiene), en la ciudadanía (si vota); en la mujer y la hija, en la fe, en cuanto asoma en él y que por parecer ejercicio de hombre libre, se castiga y se quiebra, para envilecerlo junto con hambrearlo".[85]

"Toda la América Latina ha pecado contra el campo. La cursilería criolla lo ha abandonado por incómodo y por burdo vivir en él. Pero el campo ni se va a organizar ni a purificar solo. Lo primero es no hacer esa emigración en masa a las ciudades y dejar a ese mismo campo, al que se llama 'bruto', encargado de mantener a los propietarios rurales que lo han huido como una calamidad".[86]

Gabriela sufre viendo que "Tanto como la ciudad ha prosperado, el campo se ha barbarizado. La clase media campesina, a la cual pertenezco, se ha vuelto pueblo hambreado.[….] El criollo sudamericano tiene el absurdo de vivir del campo y de darle la espalda. Le avergüenza haber nacido en él, cultivarlo bajo sus ojos, vivirlo. Pero él quiere que ese campo infeliz le costee el tren de vida burguesa que lleva en las ciudades".[87]

La tarea del Estado y de la comunidad debe ser coordinar sus esfuerzos por conseguir una reforma que haga justicia al campesino, le reconozca sus derechos y dignifique su labor, para que el cultivo no sea un sacrificio, sino una satisfacción.

"Ellas sí no han pecado, las buenas gentes, del pecado americano por excelencia que es la botaratería del suelo, la lujuria de la ocupación y la necedad del badiísmo. Si hay gentes que merecen en Chile un reparto agrario del cual corrija la ignominia de cuatro siglos de despojo del campo al peón, ésas son las primeras a las que habría de desagraviar por la vieja ofensa y que recompensar por las largas lealtades".[88]

Devolver la tierra

Gabriela siente la necesidad de recuperar para el campesino: "[….] la dignidad de poseer el suelo, tan natural como el gozo de la respiración o de la marcha".[89]

---

[85] Mistral, Gabriela, "Pasión agraria", en op. cit., p. 40.

[86] Mistral, Gabriela, "Campo chileno", en: Ed. Scarpa, Roque, Elogio... op. cit., p. 133.

[87] Mistral, Gabriela, "Campo chileno", en: Ed. Scarpa, Roque, Elogio... op. cit., 133-134.

[88] Mistral, Gabriela, "Ruralidad chilena" (El Mercurio, mayo, 1933, Santiago), en: Ganderats, Luis, op. cit., vol. II, p. 37.

[89] Mistral, Gabriela, "Agrarismo en Chile", en: Ed. Cid, Hugo, op. cit. p. 45.

Para lograrlo, sin embargo, debe comenzar primero por convencer a los propios trabajadores del campo que forman parte de *"[....] una familia humana que cada país ama como a su tuétano vital"*[90] . Como diría la joven Gabriela: *"El silencio y la quietud si existen en los pueblos que cobija la tiranía, son viles y envilecen; sólo cuando existen bajo el estandarte flamígero de la Libertad son admirables y enaltecen"*.[91]

Pero no basta con que la gente humilde tome conciencia de su valor humano, el resto de la sociedad también debe saber que *"el hombre rural debe poseer el suelo por vía de la pequeña propiedad, para que realmente se produzca, en la tierra colombina e isabelina, una civilización de orden latino que no nos vendrá por el auge industrial, pues una latinidad nace de un agro amado y servido de un hombre que es su amo y su disfrutador a la vez"*[92] .

El campo no debe ser una vergüenza, por esta razón pide *"volver la cara hacia el campesino"*[93] chileno: *"La provincia tiene que volverse agrícola, como Aconcagua, como su valle de Elqui, donde no hay hambre, porque existe el agua, el hombre no es perezoso y el suelo se ha dividido"*.

Quizás este esbozo del pensamiento agrario en Gabriela Mistral posea algún dejo de pesimismo, ya que ella misma reafirma al hablar: *"Cuando dimos la espalda al campo y alzamos el hogar —esa casa apacible— en medio de las ciudades febriles, desposamos nuestra vida con la inquietud y con la decadencia física"*.[94] Posiblemente sea ésta una reacción al sentimiento de pérdida que la embarga desde tan lejos.

Sin embargo, ella intenta permanentemente construir o al menos dejar una esperanza respecto a una buena repartición de la propiedad, a la revalorización del campesino y a la estimación del ámbito rural: *"En otros países existe entre la ciudad verdadera, la que bulle, y el campo, otra población semirrural, muy densa, donde levantan su casa los que no se resignan a abandonar la luz plena y el ancho horizonte, y que tampoco pueden vivir lejos de los centros fabriles"*.[95] Es decir el cultivo de la tierra y la modernidad no son excluyentes entre sí, deberían en cambio adaptarse a este nuevo mundo y rescatar la virtud de la Tierra, para no degenerar en la barbarie; ya que: *"[....] sólo la tierra es socia de nuestro dulce negocio de vivir [....]"*.[96]

---

[90]   *Ibid.*, p. 47. Implícitamente alude en este punto al rol de los medios de comunicación -el cine y la revista ilustrada- para difundir los derechos de las personas y denunciar el descuido de las otras clases respecto del campo y de las "buenas gentes".

[91]   Mistral, Gabriela, "Saetas ígneas" (Especial para *La Voz de Elqui*, 11 de octubre de 1906), en: Eds. Toro, Betty y Zegers, Pedro Pablo, *Gabriela Mistral en La Voz de Elqui*, Santiago, Chile, Dirección de Bibliotecas, Archivos y Museos, 1992, p. 54.

[92]   Mistral, Gabriela, "En el día de la cultura americana", en: Ed. Quezada, Jaime, *op. cit.*, p. 286.

[93]   Mistral, Gabriela, "Agrarismo en Chile", en: Cid, Hugo *op. cit.*, p. 44.

[94]   Mistral, Gabriela, "La tierra: los jardines", en: Ed. Scarpa, Roque, *Elogio... op. cit.*, p. 23.

[95]   *Loc. cit.*

[96]   Mistral, Gabriela, "Un vuelo sobre las Antillas" (Santo Domingo, agosto, 1937), en: Ed. Ganderats, Luis, *op. cit.*, vol. II, p. 99.

La Voz del Elqui

Hija de la tierra

Es cierto que los contextos de la infancia marcan nuestra experiencia de vida para siempre, pero pocos logran darse cuenta a tiempo del provecho de las enseñanzas del pasado. Gabriela, en cambio, pudo percibir este contraste incluso antes de salir de su tierra.

El paisaje de Elqui penetró profundo en su alma de poeta, y de él logró impregnarse de imágenes y sensaciones a través del contacto puro con la naturaleza, además de establecer un ideal de vida en base a las costumbres que allí aprendió: *"Nací en Vicuña, Chile, 1889. Me crié en el campo hasta los doce años. Ha persistido en mí "la ruralidad"*[97].

Su origen campesino es la dicha de su identidad universal, ella forma parte de la comunidad de la tierra, no se identifica con afanes nacionales y posee además un espíritu marcadamente regional: *"nosotros [elquinos] salimos generalmente de nuestra caja portentosa de cerros como troquelados en cobre: muy sanguíneos, bien musculados, hechos para dar testimonio del sol sagitario que es el nuestro y que nos ha batido bien la sangre en los repechos y las laderas"*[98]

Los valores y costumbres aprendidas en Elqui son las que conforma a la Tierra-Gabriela, en sus palabras: *"La tierra de América y la gente mía, viva o muerta, se me han vuelto un cortejo melancólico, pero muy fiel, que más que envolverme, me forma [....]"*.[99]

En Elqui se dan todas las virtudes de la tierra, en él coexiste el equilibrio natural de las cosas con la armonía entre las personas. Su amor por el valle se refiere a las vibraciones que éste le transmite: a la calidad de vida que allí se comparte, a la intensidad de la naturaleza que se precipita por la cordillera.

De aquel pedazo de cielo hundido en la tierra elquina, Gabriela conserva sus mejores recuerdos: sus motivos de niña, sus inspiraciones agrarias, el hogar que la cobija y el ensueño del campo: *"Salí de un laberinto de cerros y algo de ese mundo sin desatadura posible queda en lo que hago, sea verso o sea prosa"*.[100]

---

[97] Figueroa, Virgilio, *La divina Gabriela*, Santiago, Chile, Imprenta El Esfuerzo, 1933, p. 155.

[98] Mistral, Gabriela, "Carlos Mondaca: gente chilena" (El Mercurio, 17 de febrero de 1929), en: Ed. Ganderats, Luis, *op. cit.*, vol. II, p. 368.

[99] Mistral, Gabriela, "Como escribo" (1938), en: Ed. Ganderats, Luis, *op. cit.*, vol. II, p. 553.

[100] *Loc. cit.*

La naturaleza fue su segunda madre. De la primera, doña Petita, aprendió a familiarizarse con la naturaleza: *"[....] Tú me nombrabas las cosas de la tierra: los cerros, los frutos, los pueblos, los bestiecitas del campo, como para conciliar a tu hija en el mundo, como para enumerarle los seres de la familia [....]"*[101].

Gabriela y el valle se funden en uno solo, se conectan con la virtud de la tierra y forman *"carne de su carne y hueso de sus huesos"*[102]. Todo lo verde, fecundo, perfumado y leal de la tierra se transfiere a su cuerpo: *"andan en mi sangre disueltos los metales de mis cerros de Coquimbo"*[103].

La conexión con la tierra es sagrada, no sólo se apasiona por el valle: *"Amo cada piedra del valle de Elqui, cada granada y cada vaina de algarrobo"*[104], sino que ambos se intervienen y se apropian de la esencia universal de la Tierra: *"Era yo lo único mudo en medio de la tierra dichosa. Pero ella iba poco a poco entrando en mí, comunicándome su palpitación inmensa"*[105].

Gabriela interpreta la tradición campesina elevándola a una cultura de la tierra, original de América, pero universal por los valores que inspira. Aun así es una idea que conserva para sí misma y no trata de imponerla a nadie: *"Confieso que, por voluntad mía o por temperamento, las tierras extrañas no me arrasan la costumbre, que apenas me la remecen, de que la tengo añeja y tenaz. Errante y todo, soy una tradicionalista risible que sigue viviendo en el valle de Elqui de su infancia"*[106].

La patria primera

La comunidad de Elqui reúne las características del campo americano, en él la buena tierra entrega sus frutos, porque existe amor por el cultivo; la gente se conoce y comparte sus vidas con el otro; los niños conviven con la naturaleza, y juegan en los patios, que son las prolongaciones de un cerro infinito; y donde no existen las alambradas porque la tierra es de todos.

Hablando de Gabriela Mistral, Alone dio una visión al respecto, que define como "doctrina pura del anticapitalismo":

---

[101] Mistral, Gabriela, "Gabriela piensa en la madre ausente", en *ibid.*, p. 341.

[102] Mistral, Gabriela, "Elogio de los pueblos pequeños", en *ibid.*, p. 163.

[103] Mistral, Gabriela, "Carta a mi biógrafo" (sin fecha), en *ibid.*, p. 558.

[104] Mistral, Gabriela, "María Isabel Peralta" (1933), en *ibid.*, p. 383.

[105] Mistral, Gabriela, "La noche del trópico" (1922), en: Ed. Vargas Saavedra, Luis et als, *En batalla... op. cit.*, p. 93.

[106] Mistral, Gabriela, "Sobre cuatro sorbos de agua" (*La Nación*, 19 de octubre de 1947), en: Ed. Ganderats, Luis, *op. cit.*, vol. II, p. 589.

"Nació en un valle donde la división de la propiedad era simple fórmula. Ella refiere a menudo que su madre solía darle instrucciones para restablecer entre los vecinos las diferencias de cosechas.

"—Mira, chiquita —ordenábale—, anda a casa de la fulana y sacas manzanas y se las llevas a zutana, que este año ha tenido muy pocas.

"*Y allá iba la chiquita; entraba en la arboleda y se llenaba de manzanas el delantal. Al salir, a veces, estaba en la puerta el dueño. Ella le hacía un reverente saludo; él se lo contestaba; no mediaba entre ambos más explicación. La vecina pobre recibía asimismo con perfecta naturalidad el tributo del más favorecido*".[107]

Ésta es la vida rural de los pueblos agrícolas. De su infancia en el valle pudo sacar un modelo de comunidad, ejemplo de las costumbres y la vida de campo que conoce y que una vez fuera de él, como el hijo fuera de la madre, idealiza en un paraíso perfecto a imagen y semejanza del que vivió en su infancia.

"*Las patrias genuinas, las patrias reales son para mí ésas; el radio entero que cubrió mi infancia en un valle cordillerano de Chile, la campesinería que es mi dicha y mi costumbre, y los dos oficios que me han hecho tatuaje sobre el cuerpo y sobre el alma*".[108]

Respecto al valle de Elqui, "*[....] que es la zona de mi vida anterior, y la de mi nacimiento*"[109], reafirma su condición campesina: "*Si yo volviese a nacer en valles de este mundo, con todas las desventajas, que ha dejado la vida "entre urbanos" ruralismo, yo elegiría casa no muy diferente de la que tuve entre unas salvajes quijadas de cordillera[....]*".[110]

Para Gabriela, "*la patria es el paisaje de la infancia y quédese lo demás como mistificación política*"[111], porque "*un metro de esa tierra vale por diez de los de cualquier parte. Una hectárea elquina hace el bienestar de una familia y da al jefe cierto aire de hombre rico*".[112] Lo que provoca en el hombre que vive en ella una sensación indescriptible que urge del contacto "pecho a pecho" con ella, sentirla, olerla y no sólo verla a través de las grandes haciendas.

Por eso, ese hogar ideal, con el que soñó algún día, el valle de su paraíso terrenal, aunque sea pequeño no debe amargar a nadie, la misma Gabriela escribe:

---

[107] Alone [Hernán Díaz Arrieta], "Gabriela Mistral y el comunismo" en: Alone, *La tentación de morir*, Santiago, 1954, p. 100.

[108] Mistral, Gabriela, "Un valle de Chile" (Barcelona, enero de 1933), en: Ed. Ganderats, Luis, *op. cit.*, vol. II, p. 41.

[109] Mistral, Gabriela, "Gabriela Mistral habla al pueblo" (1954), en: Ed. Cid, Hugo, *op. cit.*, p. 95.

[110] Mistral, Gabriela, "Infancia rural", (1928), en *ibid.*, p. 32.

[111] Mistral, Gabriela, "Un valle de Chile" (1933), en: Ed. Ganderats, Luis, *op. cit.*, vol. II, p. 40.

[112] Mistral, Gabriela, "Ruralidad chilena" (1933), en *ibid.*, p. 36.

"Volví a tener un hogar en el paisaje campestre que forma el ideal de mi vida.

"Y ese hogar fue la casita pastoral con que soñaba esa tarde junto al río...
"Quizá el miraje del futuro iluminó mis ensoñaciones ese día..."[113]

El paraíso terrenal

La patria natal de Gabriela siempre fue su valle de Elqui. Pero en la medida que fue saliendo de Chile física y sentimentalmente, fue desprendiéndose también de su regionalismo.

El contacto con realidades de distintos pueblos de América y Europa le proporcionaron un horizonte más amplio con el cual poder identificarse, y que a la vez le dieron un tinte mucho más universal.

Su amor por la campesinería le otorgó una verdadera nacionalidad rural. Pero al referirse a ella no puede evitar pensar en el modelo original de su patria verdadera, el Elqui: *"Le escribo desde la cordillera elquina, mi verdadera tierra"*[114].

Este pedazo de suelo, donde *"fuese suelo vegetal todo lo que se ve, pero no hay tal. La roca viva que domina en lo alto se come en el valle grandes espacios"*,[115] el cielo es de tajada, ya se comprenderá cómo es de chiquita la tierra, si a lo menos cautiva toda su admiración y aspiración de lo que debiera ser el mundo rural.

Reconoce al que fuese rector de la Universidad de Concepción, Enrique Molina Garmendia, que *"A medida que envejezco a mí me importa más y más la geografía y menos la historia, el suelo mejor que el habitante"*[116]. Lo que la lleva a buscar en su valle las características de su tipo ideal:

Del "Decálogo del Jardinero, Cultivemos las Flores"[117]:

"1.— Para devolver a la tierra su belleza primitiva, pues Dios la entregó florida al hombre y éste no ha hecho cada día sino envilecerla;

---

[113]   Mistral, Gabriela, "Ensoñaciones" (Especial para *La Voz de Elqui*, 1° de octubre de 1905), en: Eds. Toro, Betty y Zegers, Pedro, *op. cit.,* p. 24.
[114]   Mistral, Gabriela, Carta N°32 (La Unión, 18 de septiembre de 1925), en: Vargas Saavedra, Luis et als, *En batalla... op. cit.,* p. 142.
[115]   Mistral, Gabriela, "Gabriela Mistral y la Reforma Agraria en Chile", en: Cid, Hugo, *op. cit.,* p. 53.
[116]   Mistral, Gabriela, Carta N°1533 (21 de agosto 1933), en: Ed. Da Costa Leyva, Miguel, "Gabriela Mistral: Correspondencia inédita con Enrique Molina Garmendia", en *Cuadernos Hispanoamericanos,* N°402, diciembre, 1983, p. 40.
[117]   Mistral, Gabriela, "Decálogo del jardinero, cultivemos las flores" *(Sucesos,* abril de 1913*),* en: Cid, Hugo, *op. cit.,* p. 15.

"3.— *Para que el rocío del cielo tenga copas divinas donde caer y conservarse algún tiempo, en vez de caer y perderse en la tierra impura;*

"8.— *Para que las mujeres pobres que no pueden comprarse perlas, rubíes y amatistas, tengan rosas, el jazmín y las violetas, perlas, rubíes y amatistas para adornar su cabeza, su pecho y sus manos;*

"9.— *Para que el pobre ser de dolores que es el hombre, posea nuevas substancias generosas para curar las lepras de su carne y espíritu."*

Estos son los motivos que la inspiran a *"mantener la 'cuerdecilla de la voz' que nos une con la tierra en que nacimos[....]".*[118] Para ella, los que permiten *"que los hijos de cualquier tierra la queremos, no sólo abastecedora, sino hermosa[....]"*[119].

De su concepción ideal del buen campo, sugiere como paraíso terrenal al consabido valle: *"Tal vez el amor de la tierra por el que la cultiva esté en relación con la dosis angustiada en que éste la ha recibido[....]"*[120].

Enfatiza que es el cultivo el que enseña al campesino a mirar la tierra con otros ojos. Éste *"[....] ha debido aprenderse la asistencia del suelo por necesidad y tratar la tierra escasa como lo único que da la subsistencia. Del servirse de ella han ido pasando al servirla y al quererla."*[121]

También la tierra propia profesa un amor especial por la gente de Elqui: *"El amor del suelo verde por la criatura elquina es cosa de contarse, porque no es común que la gente blanca de la América estime el terrón viniendo de donde viene de la España creadora y sustentadora de desiertos."*[122]

Pero estas características, un poco subjetivas, también tienen su lado pragmático al poner el acento en que: *"Lo menos que el hombre puede hacer por la tierra es la distribución racional de las aguas, conducir al elemento maravilloso, en sabia red de canales"*[123].

De este valle extracta la esencia de la vida de campo e idealiza su virtud: *"Como al del Huasco, le ha sido dado al valle de Elqui no sé qué privilegio de frutas sumas y de gente bien plantada. [....] De Elqui no ha salido nunca gente desabrida o laxa"*.[124]

---

[118]   Mistral, Gabriela, "La palabra maldita" (Repertorio Americano, enero de 1951), en *ibid.*, p. 87.

[119]   Mistral, Gabriela, "Geografía humana de Chile" (Discurso en la Unión Panamericana, Washington, 1939), en: Ed. Ganderats, Luis, *op. cit.*, vol. II, p. 27.

[120]   Mistral, Gabriela, "Ruralidad chilena" (1933), en *ibid.*, p. 36.

[121]   Ibid., p. 37.

[122]   *Loc. cit.*

[123]   Mistral, Gabriela, "Una provincia en desgracia: Coquimbo" (*El Mercurio*, 13 de septiembre de 1925), en: Ed. Quezada, Jaime, *op. cit.*, p. 55.

[124]   Mistral, Gabriela, "Carlos Mondaca: gente chilena" (*El Mercurio*, 17 de febrero de 1929), en: Ed. Ganderats, Luis, *op. cit.*, vol. II,, p. 368.

Así proyecta en su imagen de la infancia la vehemencia de la Tierra, y enseña el amor por el cultivo: *"Cuando yo me acuerdo del valle, con ese recordar fuerte, en el cual se ve, se toca y se aspira, todo ello de un golpe, son dos cosas las que me dan en el pecho el mazazo de la emoción brusca: los cerros tutelares que se vienen encima como un padre que me reencuentra y abraza, y la bocanada de perfume de esas hierbas infinitas de los cerros"*[125].

El valle no sólo fue su hogar, se convirtió además en su referencia constante al ideal de la vida sobre la Tierra. Porque, para Gabriela, él contenía de las cosas buenas lo mejor y en su estado más puro: *"El valle de Elqui: una tajeadura heroica en la masa montañosa, pero tan breve, que aquello no es sino un torrente con dos orillas verdes. Y esto, tan pequeño, puede llegar a amarse como lo perfecto.*

"Tiene perfectas las cosas que los hombres pueden pedir a una tierra para vivir en ella: la luz, el agua, el vino, los frutos ¡y qué frutos!"[126].

El ritmo de la tierra

La enfermedad del suelo

La ciudad ahogó al campo natural y antepuso el progreso material a la dicha humana. El desprecio de la naturaleza llevó a los hombres a cubrir la tierra con cemento, cortar los bosques y alzar fábricas en vez de parques.

En la primera mitad del siglo la humanidad vivió dos guerras mundiales, graves totalitarismos y una gran depresión. La Tierra pasó de fértil pradera a estridente ciudad: *"¡Qué miseria y qué dura fealdad tendrá vuestra casa, a pesar del muro blanco! La calle arroja por la ventana abierta su nube de polvo; el hervor de la calle entra brutalmente en vuestro cuarto: no hay un velo delicado que ampare vuestra vida interior, fuera de la persiana, que es una cosa, no una vida, y tu casa y la calle se confunden groseramente"*[127].

La pérdida del contacto con la tierra es la pérdida también de nuestra identidad rural y sus motivos agrarios: *"abandonamos la vida en medio de la naturaleza, por no conocer su sentido profundo"*[128].

---

[125] Mistral, Gabriela, "Ruralidad chilena", (1933), en *ibid.*, p. 39.

[126] Mistral, Gabriela, "María Isabel Peralta" (Prólogo a Caravana Parda, de María Isabel Peralta, 1933), en: Ed. Ganderats, Luis, *op. cit.*, vol. II, p. 382.

[127] Mistral, Gabriela,"La tierra: los jardines" (1922), en: Scarpa, Roque, *Elogio... op. cit.*, p. 23.

[128] *Ibid.*, p. 24.

El desamor de Gabriela por la ciudad es producto de la barbarización que le han provocado a la Tierra. El contraste entre la urbe y el campo es el producto de una antítesis espiritual: *"Cuando volvemos la espalda al campo, restamos todo eso a la pobre alma: paz, alegría y elevación.*

"Lo que se nos dio en cambio fue un bienestar falso, que lenta y dulcemente nos irá aniquilando, amenguando en vigor y belleza. [....] nos darán el mirar apagado, la mejilla sin sangre, y hasta la acción floja y desabrida"[129].

La ciudad corrompió a los hombres de la tierra, y éstos emigraron del campo y se olvidaron de las virtudes aprendidas. Abandonaron su origen y prefirieron las trampas de lo material antes que el enriquecimiento del alma.

"Comprendo su amor por la ciudad; ella es un vicio del siglo, sin duda hay refinamientos del espíritu que sólo pueden alcanzarse en una ciudad, florecimiento supremo de la personalidad que exigen la fiebre, el espectáculo soberano de dolores y pasiones, que sólo la ciudad da. Puede que un día yo la necesite imperiosamente. Soy mujer de enormes evoluciones. Hoy no la quiero, más aún, me hace daño: ¡tengo unas hambres de paz, de mucha paz, que no logro saciar!"[130]

Esta desafección por lo urbano no es antojadiza. Quizás Gabriela nunca sintió amor verdadero por la ciudad, cualquiera que sea su tamaño. En una entrevista para Zig-Zag responde:

"—Gabriela, ¿no se queda usted en Santiago?

"—Jamás. Esta es una ciudad pretenciosa. Me voy a Elqui, mi tierra natal, a criar cabras. La Serena no me gusta. Allí la gente se pone toda tonta. En las aldeas es otra cosa. Creo —se ríe— quizás también voy a ponerme tonta."[131]

Impregnada de imágenes, colores, perfumes, sensaciones y emociones que le brindó el contacto con la naturaleza en todos los lugares donde estuvo, es difícil de aceptar, para ella, la 'desabriduría' de las ciudades.

"Entre las razones por las cuales yo no amo las ciudades —que son varias— se halla ésta: la muy vil infancia que regalan a los niños; la paupérrima, la desabrida y también la canallesca infancia, que en ellas tienen muchísimas criaturas"[132].

Para Gabriela, la ciudad fue despojando al campo del amor por el suelo. *"En las grandes ciudades el envilecimiento es peor. Las ventanas de cuarto de niño dan*

[129]   Mistral, Gabriela,"La tierra: los jardines" (1922), en: Ed. Scarpa, Roque, *Elogio... op. cit.,* p. 24.

[130]   Mistral, Gabriela, Carta N°14 (¿octubre de 1915?), en: Ed. Silva Castro, Raúl, *op. cit.,* p. 37.

[131]   Monvel, María, "Gabriela Mistral, Franciscana de la Orden Tercera", *Zig-Zag* XI, 9 de mayo, Santiago, Chile, 1925.

[132]   Mistral, Gabriela, "Infancia rural" (1928), en: Ed. Cid, Hugo, *op. cit.,* p. 32.

a una calle hedionda, si es pobre, o un muro bárbaro y ciego de almacén o de oficina, si es burguesito"[133].

La imaginación y el espíritu se empobrecen dentro del marco gris de las ciudades: *"Creo no haber hecho jamás un verso en cuarto cerrado ni en cuarto cuya ventana diese a un horrible muro de casa; siempre me afirmo en un pedazo de cielo, que Chile me dio azul y Europa me da borroneado. Mejor se ponen mis humores si afirmo mis ojos viejos en una masa de árboles".*[134]

La frívola ciudad

El cielo encajonado de la ciudad no le satisfacía. Las sombras de concreto no dejaron ver la luz inspiradora del sol, enfriaron sus rayos, y restaron la fuerza vital que éste transmitía a los hombres: *"Para vivir dichosamente, yo necesito cielo y árboles, mucho cielo y muchos árboles"*[135].

Gabriela busca el sol, el calor que motive su espíritu: *"...Tráigame o mándeme sol elquino —mejor que el de Santiago—. Estas tierras del Norte [Europa] son horribles: lluvia estúpida, cielo bajo, como de conventillo, charcos feos, humedad que hace crujir huesos"*[136]. Por esto escribe: *"Prefiero otras maneras de desgracia a la de una noche frígida de Santiago o de un mes de lluvia empantanada de Cautín"*[137].

La ciudad a la que alude carece de identificación alguna con la patria de su niñez. Es distinta al Elqui que proyectó como paraíso terrenal, es más, no posee ninguna característica vital que le haga ser amada como a la tierra de su valle.

Cualquier ciudad se parece a otra, por tanto ninguna le acomoda: *"Duermo, hace diez años tal vez, en las pobres casas ciudadanas y no puedo todavía al despertarme aceptar sin repulsión física violenta, los ruidos sin nobleza de municipal y bajísimo ajetreo, batahola formada por camiones, sirenas tártaras (las de grato silbo son pocas), de avalancha de trenes, interjecciones de mercado; todo lo cual se me entra por el cuadrado odioso de la ventana o la puerta y me avienta de la cara maravilla del sueño matinal, parada todavía en mi cara".*[138]

---

[133]   *Ibid.*, p. 33.

[134]   Mistral, Gabriela, "Cómo escribo" *(*Conferencia en la Universidad de Montevideo, 1938), en: Ed. Ganderats, Luis, *op. cit.*, vol. II, p. 553.

[135]   Mistral, Gabriela, Carta N°15 (¿octubre de 1915?), en: Ed. Silva Castro, Raúl, *op. cit.*, p. 39.

[136]   Mistral, Gabriela, Carta N°33 (París, antes del 24 de noviembre de 1926), en: Ed. Vargas Saavedra, Luis et als, *En batalla... op. cit.*, p. 151.

[137]   Mistral, Gabriela, "Un valle de Chile" *(Barcelona, 1933)*, en: Ed. Ganderats, Luis, *op. cit.*, vol. II, p. 43.

[138]   Mistral, Gabriela, "Infancia rural", en: Ed. Cid, Hugo, *op. cit.*, p. 33.

Santiago es su referencia natural, no le complace nada de lo que representa: envilecimiento, fealdad y cursilería: *"La capital nuestra, el Santiago ayancado y descastado que tenemos, ignora bastante la lengua que habla el campo de Chile".*[139]

Y su gente tampoco le es grata. Comenta en una carta a Pedro Aguirrre Cerda: *"Vi una clase media enloquecida de lujo y de ansia de goce, que será la perdición de Chile, un mediopelo que quiere automóvil y té en los restaurantes de lujo, transformados en cafés cantantes, por la impudicia del vestido y de la manera que la mujer de esa clase, que es la mía, ha adoptado de un golpe"*[140].

Se sentía incómoda en cualquier grupo que la alejara de los suyos: *"Por eso le decía que los tales J. F. (Juegos Florales) me eran la cosa más odiosa del mundo; me acercaron a luminosos cerebrales que tienen el corazón podrido y que no conocen la lealtad [....]"*[141]

La ciudad no tiene calma, en contraste con Elqui. Su actividad es la *"entraña demoníaca de lo urbano"*[142]. De ahí el rechazo: *"[....] Yo no podría vivir en paz en Santiago. Me he criado en el campo, y lo tengo en el corazón. Viviría mal allí o en otra ciudad como ésa".*[143]

La falta de armonía de los sentidos, el alejarse del "contacto pecho a pecho" con la tierra la llevan a desasirse de lo urbano: *"...Y yo tengo ese rencor con la ciudad enorme del millón de tentáculos: que no me dejó nada para mí en varios días: que me incorporó en su mole articulada y me arrebató la conciencia".*[144]

Sin embargo logra encontrar la excepción a su regla de contrastes.

Del trópico recoge el calor y la originalidad de la exuberancia natural: *"Echa este rectángulo de suelo un aroma de santidad que purifica al resto deshonrado y hace recordar y bajar la cara a los que malamente llegan a dominar semejante lote de gentes y de naturaleza".*[145]

Florencia, la antigua ciudad romana es la única que posee la combinación exacta entre lo moderno y la tradición. Es armónica y está hecha a escala humana: *"Ando de nuevo por las calles de la ciudad querida, de la ciudad que es perfecta, porque no ha aceptado tener el perímetro insensato de las llamadas grandes, de las viciosamente grandes [....] la ciudad que ha aceptado un mínimun de barbarie*

---

[139]   Mistral, Gabriela, "Carta a mi biógrafo", en: Ed. Ganderats, Luis, *op. cit.*, vol. II, p. 559.

[140]   Mistral, Gabriela, "Cartas a Pedro Aguirre Cerda", Carta II, (Francia, 28 de diciembre de 1926), en: Ed. Quezada, Jaime, *op. cit.*, p. 96.

[141]   Mistral, Gabriela, Carta N°15, (¿octubre de 1915?), en: Ed. Silva Castro, Raúl, *op. cit.*, p. 39.

[142]   Mistral, Gabriela, "Infancia rural", en: Ed. Cid, Hugo, *op.cit.*, p. 34.

[143]   Mistral, Gabriela, "A Eduardo Barrios, Carta N°IV", (1919), en *ibid.*, vol. III, p. 70.

[144]   Mistral, Gabriela, "La ciudad estridente. Impresiones de Estados Unidos", (1924), en *ibid.*, vol. II, p. 103.

[145]   Mistral, Gabriela, "Sandino" (*El Mercurio*, 4 de marzo de 1928, como: "Sandino: Contestación a una encuesta"), en *ibid.*, p. 470.

de autos y peatones, porque quien la ama la camina a pie y con deleite en el paso, como a un patio familiar [....]"[146].

En busca de una cura

Al salir del Elqui, Gabriela se alejó de su edén terrenal y entró de lleno al mundo urbano, a la actividad acelerada, agobiante, la competencia desleal y las críticas mal intencionadas.

Su viaje a México radicalizó sus posiciones. En 1922 sale de Chile invitada a colaborar en la reforma educacional de México que realizaba el Ministro de Educación de la época, José Vasconcelos; su recepción corresponde a la de una reina. Este cambio provoca que en su vida se convierta de Lucila a Gabriela, y su obra adquiera carácter trascendental en el tono de la Tierra.

"Más y más yo me corto de Chile sin buscarlo; menos me quieren allá y también menos les quiero yo a los que mandan y a los de las ciudades, queriendo entrañablemente a la gente del campo de donde yo vengo."[147]

La vitalidad y la fuerza que le parecían ajenas en la ciudad, vuelven a ella ahora a través del contacto con la naturaleza tropical. El calor de la selva, la vehemencia del paisaje quedan inmortalizados en el mágico instante de su redención: *"No he de olvidar mi primera noche en tierra tropical. Desde las costas peruanas venía inclinada hacia la borda sobre ese mar del trópico, tan otro que el nuestro; un mar violeta, brillante como de óleos. Pero era la tierra lo que me haría sentir el Trópico verdadero. [....] Como el latido más inmenso del planeta"[148].*

La invade el sentimiento del nuevo mundo que entra en ella por todos sus sentidos, y lo defiende como parte fundamental de su nuevo ser: *"¿O será el tropicalismo no una zona geográfica, sino una zona espiritual, la zona del fervor sumo, la inmensa patria de los vehementes?*

"[....] Y si el tropicalismo fuese el estado de ardor del alma, ¡bendito sea él!".[149]

La impresión del trópico inyecta savia nueva a sus venas campesinas: *"Mi*

[146]   Mistral, Gabriela, "Otra vez Florencia", (Florencia, 1928), en: Ed. Ganderats, Luis, *op. cit.*, vol. II, p. 243.

[147]   Mistral, Gabriela, "A Alfonso Reyes y señora", Carta N°IV, (octubre de 1930), en *ibid.*, vol. III, p. 186.

[148]   Mistral, Gabriela, "La noche del Trópico", (1922), en: Ed. Vargas Saavedra, Luis et als, *En Batalla... op. cit.*, p. 92.

[149]   Mistral, Gabriela, "Palabras que hemos manchado: Tropicalismo", (Santiago, 1922), en: Ed. Céspedes, Mario, *Gabriela Mistral en el 'Repertorio Americano'*, San José de Costa Rica, Editorial Universidad de Costa Rica, 1978, p. 15.

sensación del trópico fue la de la plenitud de la vida: a los 33 años, es decir, en el meridiano de mí misma yo conocía y pasaba el ecuador terrestre. Yo entraba en la tierra magnífica sin limitación de montañas hostiles, en la tierra rica como el color del tigre real".[150]

La exuberancia de la naturaleza tropical la conmueve a tal punto que escribe: *"Tan perfecto me parece, sin embargo, como una medida cabal de la riqueza terrestre, como el cubo de Dios, que siempre rebosa, y tan noble lo veo en su generosidad, que en vez de tacharle el calor genesíaco, prefiero creer que no podemos con él por una penuria corporal de mestizos flacos."*[151]

Así se conforma la Tierra-Gabriela, la matriz universal, la Madre Ceres renovada de energías, sin restricciones físicas para velar por los suyos: *"No me interesa el trabajo en las ciudades. Sino en el campo de Chile.*

"Y esto, don Pedro, no es nacionalismo, es una especie de amor universal de lo rural, que hay en mí y que es lo único que me siento vivo y en pie..."[152]

Ella misma se sorprende de la transformación y madurez de su espíritu: *"Lo que he recibido caminando es mucho. Miro el paisaje como no lo había mirado. Es como si me hubiesen levantado los párpados. Salgo de mi unilateralidad; me enriquezco levemente, de simpatías, de motivos, de intereses humanos".*[153]

Su ciclo vital se va cerrando, acercándose ya al último decenio de su vida, desasida de todo tras su última gran pérdida.[154] Logra desprenderse de lo superfluo y establecer así una comunión trascendental con la naturaleza, apropiándose de los elementos de la tierra: *"Pero yo no soy la misma y sólo la tierra, el mar, el campo tienen para mí dulzura. Nada de lo mundano me toma y vivo consolada —cegada voluntariamente— por las lecturas que me atrapan y por mi trabajo."*[155]

Su enorme tarea va concluyendo. Su gran búsqueda de la tierra prometida para el campesino despertó la conciencia de toda América. *"Voy convenciéndome de que caminan sobre la América vertiginosamente tiempos en que ya no digo las mujeres,*

---

[150]   Mistral, Gabriela, "Motivos de la vida", (1922 ó 1923), en: Ed. Ganderats, Luis, *op. cit.*, vol. II, p. 555.

[151]   Mistral, Gabriela, "Tropicalidad", (Fragmento, de "La Lengua de Martí", Nueva York, enero de 1937), en *ibid.*, p. 452.

[152]   Mistral, Gabriela, "A Pedro Aguirre Cerda", Carta N°XIII, (La Serena, 7 de diciembre de 1925), en *ibid.*, vol. III, p. 136.

[153]   Mistral, Gabriela, "Motivos de la vida", en: Ed. Ganderats, Luis, *op. cit.*, vol. II, p. 555.

[154]   Juan Miguel, su hijo adoptivo, apodado Yin Yin, muere en extrañas circunstancias en 1943. Gabriela escribe a sus amigos, los Tomic Errázuriz: "después de cualquier duelo mayor [...] *se debe mudar de ámbito"* [Carta, N°46 (1948), en: Ed. Vargas Saavedra, Luis, *Vuestra Gabriela: Cartas inéditas de Gabriela Mistral a los Errázuriz Echeñique y Tomic Errázuriz*, Santiago, Chile, Editorial Zig-Zag, 1995, p. 131].

[155]   Mistral, Gabriela, Carta N°46, (18 de enero de 1948), en *ibid.*, p. 131.

sino los niños también, han de tener que hablar de política, porque política vendrá a ser (perversa política) la entrega de la riqueza de nuestros pueblos; el latifundio de puños cerrados que impide una decorosa y salvadora división del suelo[....]"[156].

En su última visita a Chile deja un mensaje reconciliador para su gente, que es también una misión para construir un Chile más unido e igualitario: *"En cuantos países he andado, vi siempre que el juego entre la ciudad y el campo, el confluir de lo urbano con lo rural, la fertilización de lo uno por lo otro, ha hecho de las naciones más sanas, más compactas y estables. Y vi también lo contrario; las falsas "unidades" en las cuales el campo se parece al jorobado o el manco que vive amargado alimentando a sus parientes válidos, o sea las ciudades patronas, engrasadas de ocio o en su ajetreo inútil parecen ardillas locas, cogidas de fuego"*.[157]

Desasida de toda carga física y social, Gabriela encuentra la razón final de su existir y escribe: *"El único amor que me va quedando en la vida es el de la naturaleza, y hasta un punto tal que no sabría yo decírselo"*[158].

"La tierra es el sostén de todas las cosas"[159]

La Tierra pasa a ser de un elemento de la naturaleza a un personaje de la obra mistraliana. Y no es por mera inclinación poética.

El suelo y Gabriela están conectados por una comunión sagrada. La Tierra es parte sustancial de su propio cuerpo, y así lo expresa ella en sus escritos.

Intuitivamente, en un principio, Gabriela va reconstruyendo un jardín idílico para que el hombre lo habite en armonía con la naturaleza. Pero a medida que se acerca cada vez más al sentido telúrico de la vida, se da cuenta de que la Tierra es la que punza la existencia humana.

El descubrimiento del amor que el suelo profesa a los hombres, le hace comprender el porqué éste da sus frutos más dulces a quienes mayor cuidado le brindan. La tarea del cultivo más que un trabajo es una caricia que los campesinos retribuyen en agradecimiento a la fértil proveedora.

El arado, la siembra y la cosecha son los oficios que enaltecen al hombre porque le permiten el contacto directo con las virtudes de la tierra.

---

[156] Mistral, Gabriela, "Sandino", (1928), en: Ed. Ganderats, Luis, *op. cit.*, vol. II, p. 468.

[157] Mistral, Gabriela, "Discurso de Gabriela Mistral en el Homenaje de la Universidad de Chile", (*El Diario Ilustrado*, Santiago, 11 de septiembre de 1954), en: Ed. Cid, Hugo, *op. cit.*, p. 98.

[158] Mistral, Gabriela, "A Isolina Barraza de Estay" Carta N°I, (1946), en: Ed. Ganderats, Luis, *op. cit.*, vol. III, p. 409.

[159] Mistral, Gabriela: "Conversando sobre la tierra", (San Juan de Puerto Rico, 1931), en: Ganderats, Luis, *op. cit.*, vol. II, p. 273.

Del coloquio entre el cuerpo y la naturaleza se fragua el espíritu de los pueblos agrarios, alimentados de savia firme, pero tierna. Ennoblecidos de espíritu porque su sudor labró la vastedad de la Creación.

Esta inclinación afectuosa es la que la modernidad ha desvanecido de nuestras memorias. Por comodidad o pereza el hombre abandonó el campo, y con él se perdieron también la dignidad y el esplendor de la Tierra.

Las ciudades borraron el suelo oscuro de sus comarcas y prefirieron alzar industrias en lugar de parques. Esparcieron la barbarie y se avergonzaron del campo por considerar burdo vivir en él.

Pero aún así, el campo afligido sigue entregando sus frutos a quienes lo trabajan. El verdadero valor de la tierra no está en sus lujos, sino en sus enseñanzas. Y éstas sólo se aprehenden del contacto con la tierra húmeda.

Gabriela vio que la desesperanza entraba en el hombre, que el latifundio hería y cuarteaba la tierra. El sufrimiento de los suyos hizo que en vez de amenazar con revueltas e insurreciones cediera su propio cuerpo como regazo de calma.

Prefirió ser cuna del campesinado antes que guía político. Porque su intención no era confrontar a los pueblos, sino mostrar la unidad de la raza, la comunión entre la urbe y el campo.

Como en todas las culturas agrarias, la Tierra para Gabriela es también la Madre de los pueblos. La veneración de la maternidad es factor sagrado en su pensamiento, por esto ve que la Tierra es el símbolo de la maternidad perfecta.

El mismo suelo que es uno para todos en la América, adquirió la forma de una madre tierna, que no abandona a sus hijos, que les enseña a respetar y a amar la naturaleza.

Bajo el ritmo de la tierra se extendió a lo largo y ancho del continente promoviendo y educando a los campesinos en sus derechos. En su rol de madre amparó el clamor por volverle la cara al campo.

De esta forma el jardín que había recreado como el paraíso perfecto se convirtió para los desposeídos en un huerto de mejor refugio.

Su infancia añorada en el valle del Elqui pasó a ser la representación de la alegría en la tierra. Y los motivos que aprendió allí los dejó intactos para transmitirlos a su pueblo a través del verso.

Por ello buscó siempre excitar al espíritu para mantener vívido el sentido de la tierra. Elqui, el trópico, los valles y las montañas son la propia Gabriela que remece las almas, tal como una madre despierta al niño que se duerme frente a la puesta del sol.

La joven Lucila que salió de Chile rumbo a México retornó con mayor vehemencia en sus ánimos convertida en Gabriela. Su eterno andar por este mundo tenía el único objeto de encontrar una tierra prometida para la gente de su valle. Sin embargo no tardó en darse cuenta de que es América en su totalidad el paraíso perdido de los hombres.

Supo adelantarse a su tiempo y comprender que la solución no estaba en deambular en busca de una empresa salvadora, sino en organizar y enseñar al pueblo rural a querer y conocer su tierra. Y en el caso de no tenerla a exigir un reparto agrario que dignifique la tarea del cultivo, por ser este el mejor y el primer oficio del hombre en la Tierra.

Fotografía gentileza del Archivo del Escritor de la Biblioteca Nacional

Capítulo II
Indio

"Yo soy india"

Pocas personas sienten orgullo de reconocer rasgos indígenas en su composición física. A pocos les resulta grato reconocer el pasado ancestral de los mapuches o de los Araucanos, que habita en la piel, en los ojos, en el cabello y en el modo de todo un continente; de nuestro continente. Pocos confiesan al indio que llevan dentro y que los cruza hace centenares de años.

Gabriela no pertenece a este grupo, sino al contrario, pertenece a la 'raza cósmica', proviene de la milenaria combinación de sangres indo-españolas. Se entrega a la esencia indígena que gobierna su alma, moldea su carácter y guía sus instintos.

La poetisa escogió no rasparse la tostadura, prefirió no sacudirse las raíces; a cambio se definió india, se declaró mestiza de pies a cabeza y no dudó en reforzar durante una vida entera esta autoconcepción, abogando por los derechos indígenas, reclamando por las injusticias que padecieron desde que la América fue colonizada y defendiendo a brazo partido el valor cultural que la casta india representa para América Latina.

"Cuando el fresco de las culturas mayas y quechuas aparezca completo, llegará el momento de que el hombre latinoamericano confiese plenamente a su progenitor, cosa que, hasta hoy, hace a regañadientes. Él completará la confesión que, a pesar suyo, siempre ha hecho su semblante de su Mongolia en el pómulo implacable y en la bella

---

[160]   Mistral, Gabriela, "Origen indoamericano y sus derivados étnicos y sociales" (1931), en: Ed. Figueroa, Virgilio, *La Divina Gabriela*, Santiago, Chile, Imprenta El Esfuerzo, 1933, p. 240-241.

mirada que de las Mongolias le vino; pero él confesará a su indio sin reticencias sesgadas, al fin, al fin."[160]

Gabriela fue una intelectual consciente de su matriz étnica, consciente de que fue el fruto de la mezcla racial protagonizada por el europeo. Dicho nivel de conciencia fue el que le permitió comprender, en términos identitarios, la presencia india en su persona.

"Yo soy india —dijo en una oportunidad a Ciro Alegría— *pero a mucha gente no le gusta que lo diga"*[161]. Jamás negó sus raíces, y ello le trajo más de un trago amargo, cuestión que no la hizo de ninguna manera bajar la guardia o tratar de disimular, su sentir o pensar respecto del tema. El asunto siempre estuvo claro, ella no trató de "blanquearse" y tampoco dejó que terceros lo hicieran:

"Me han contado cosa cómica: el señor Latcham habría dicho en una conferencia de prensa que yo 'me he inventado la sangre india'. El chileno tonto recorre estos países indios o mestizos declarando su blanquismo. Yo sé algo, espero, de mí misma. Por ejemplo que mi padre mestizo tenía en su cuerpo la mancha mongólica, cosa que me contó mi madre; segundo, que mi abuelo Godoy era indio puro."[162]

Gabriela precisó que la herencia india se la legó su padre, a quien describió como *"[...] muy 'aindiado'; tenía unos bigotes como los del Gengis-Kan."*[163]

La identificación con el tópico indigenista en Gabriela, no es casualidad. Basta echar una mirada o realizar una asociación básica, respecto de su apego a la tierra, a las tradiciones que emanan de la misma y la complicidad que mantuvo con la naturaleza desde que fue una niña, para comprender el sitial que el indio ocupa dentro de dicho universo, su universo.

Gabriela entiende al indio como parte natural de la mezcla racial, es el alfa del mestizaje y como elemento componente es digno de rescatar, de apreciar y de valorar por sobre el omega español.

A simple vista, Gabriela no parece ser una india, su talla, su porte, los ojos verdes y el andar señorial dicen lo contrario, sin embargo, al leerla y escucharla a través de sus textos aparece la "Gabriela-machi", la fuerte y dulce Gabriela, la pausada y violenta Gabriela. Ella es el mejor arquetipo del mestizo que se siente cómodo con su indio personal; es la mejor ejemplificación del injerto racial.

---

[161]   Mora, Mario, "Gabriela: su vocación indigenista y americana", en: *Cauce Cultural,* año XXX, N°60, Chillán, Chile, 1989, p. 47.

[162]   Gajardo, Enrique, *"La Gabriela que yo conocí III"*, en: Artes y Letras, *El Mercurio,* 18 de junio, Santiago, Chile, 1989, p. 14.

[163]   Cfr. Teitelboim, Volodia, *Gabriela Mistral: Pública y secreta. Truenos y Silencios en la vida del primer Nobel Latinoamericano,* Santiago, Chile, Editorial Sudamericana, 1996, p. 205.

"Pertenezco al grupo de los malaventurados que nacieron sin edad patriarcal y sin edad media; soy de los que llevan entrañas, rostro y expresión conturbados e irregulares, a causa del injerto; me cuento entre los hijos de esa cosa torcida que se llama una experiencia racial, mejor dicho, una violencia racial."[164]

La capacidad de Gabriela para entender los procesos históricos del continente fue lo suficientemente amplia como para llegar a establecer una determinada crítica, en la que constató que no hubo lugar en América Latina en donde al indio no se le tratara de borrar, de minimizar y de obviar su labor en la creación de una nueva raza: la mestiza.

Concluyó además, que los hijos de la cruza de sangres indoespañolas, intentaban con desesperación cavar en las profundidades de la amnesia el legado racial indio; considerando este aporte como un elemento de desecho, posible de ser reemplazado por lo blanco.

Así dirá de los mestizos renegados, e incluyéndose que: *"Somos una curiosa raza que se ignora en la mitad de sus orígenes, sino en más al ignorarse en su parte indígena. Somos, además, pueblos que no han tomado una cabal posesión de su territorio, que apenas comienzan a espiar su geografía, su flora y su fauna. Somos para decirlo en una frase, gente que tiene por averiguar su cuerpo geográfico tanto como su alma histórica. Excepción hecha de nuestro conocimiento de la raza conquistadora difundido por España, desconocemos terriblemente nada menos que el tronco de nuestro injerto, al saberlo tan poco del indígena fundamental, del que pesa con dos tercios en la masa de nuestra sangre."*[165]

La Mistral jamás quiso deshacerse del indio que corría por sus venas, como tampoco del español que la constituía. Sin embargo, en su interior privilegió al indígena. De él obtuvo sabiduría y misticismo, a través de él logró conexión con lo natural; de él heredó el don de la paciencia y la virtud de la reflexión.

La defensa que Gabriela hace del indígena tiene que ver con el propio autorreconocimiento; a partir de su identificación con lo indio. La combinación de las sangres milenarias que la atraviesan, son el impulso vital que la instan a profundizar y reflexionar acerca del significado y origen del mestizaje, conjuntamente con la dosis de olvido que el tópico carga.

Se puede decir que Gabriela nunca sintió la necesidad de escapar del manto indio que la cubría, sino que, todo lo contrario, lo destacó e hizo gala de él.

Una vez asumida la identidad india, Gabriela no cesó de criticar a aquellos que intentaban olvidarse de su esencia india, y no dudará en lanzar

---

[164]   Mistral, Gabriela, *"Colofón con cara de excusa"*, en: *Ternura*, Madrid, 1979, p. 169.
[165]   Mistral, Gabriela, "Origen indoamericano y sus derivados..." (1931) en: Ed. FIGUEROA, Virgilio, *op. cit.*, p. 239.

sus dardos directos y bien fundamentados a los mestizos y latinoamericanos en general, que reniegan de la sangre india que los constituye.

Ella es una pensadora mestiza, y como tal analizará los porqué de este fastidio para con el indio, de parte del mestizo y más aún del blanco. En este sentido afirma que: *"es necesario que el mestizo —aquí hay pocos— entienda que es la única manera de hablar, que él no puede hablar del indio destacándolo hacia fuera como quien tira el lazo. El indio no está fuera nuestro: lo comimos y lo llevamos dentro. Y no hay nada más ingenuo, no hay nada más trivial y no hay cosa más pasmosa que oír al mestizo hablar del indio como si hablara de un extraño."*[166]

En efecto, según la visión de Gabriela, el mestizo quiere con desesperación sacarse de la piel al indio; lo quiere lejos de sí mismo y para tal empresa, lo deja fuera de su composición dual, que incluye tanto a indios como españoles, es decir, al aborigen no lo incorpora, ni mucho menos lo considera "propio".

De acuerdo con la Mistral, el hecho que el indio sea señalado a distancia por el mestizo, no es más que un intento torpe de querer borrar de la memoria histórica y física algo que se lleva en las entrañas, puesto que el indio al que se refiere Gabriela sólo puede desmaterializarse con el término de la propia existencia.

En este sentido asegura: *"En la labor de enhebrar las cuentas de las noticias arqueológicas, en el menester de soldar dato y dato paleográfico, nosotros pondremos algo superior a la ciencia misma: el recordar, el reconocer, el reencontrar nuestras entrañas y decirlas largamente"*[167].

Por más que se trate de evitar, el indio brotará por los poros del mestizo una y otra vez, lo morderá por dentro y por fuera. Incansable e indestructible, este indio se resistirá al sepulcro del olvido, y, para mal del mestizo ingrato se revelará en su geografía externa, a fin de no diluirse por completo.

"El indio forma sin remedio la mitad de la población del continente nuestro; confesarlo en la palabra cuando el rostro lo declara suficientemente, es un minimun de consecuencia y de propiedad, y, por el contrario, es ingenuo y se pasa muchas veces a grotesco el declarar nuestra hispanidad ciento por ciento, echando atrás un sumando tan enorme de nuestra realidad americana"[168].

A medida que se exponen los soportes en los que Gabriela basa su indigenismo, cabe preguntarse en qué aspectos la poeta se consideraba "india",

---

[166]   Mistral, Gabriela, "Algunos elementos del folklore chileno" (1938), en: Ed. Scarpa, Roque Esteban, *Gabriela anda por el mundo,* Santiago, Chile, Editorial Andrés Bello, 1978, p. 239.

[167]   Mistral, Gabriela, "Origen indoamericano y sus derivados…", en: Figueroa, Virgilio, *op. cit.,* p. 240.

[168]   Mistral, Gabriela, "El indio", en: Arrigoitía, Luis de, *Pensamiento y forma en la prosa de Gabriela Mistral,* Río Piedras, Puerto Rico, Editorial de la Universidad de Puerto Rico, 1989, p. 114.

qué rasgos compartía con sus parias milenarios y de qué modo se sentía reflejada en sus ancestros.

En primer lugar, el hecho de que Gabriela creciera en un ambiente libre de muros, en pleno contacto con la naturaleza, rodeada de cerros, ríos y huertas; conociendo cada hierba del valle, teniendo por amigos el sol en el campo y la luna entre las montañas, no podía hacer de la poetisa sino una amante, una enamorada de la tierra.

Al igual que sus hermanos indios, considera a la tierra sagrada y significa para ella lo mismo que la carne al hueso. La tierra es un ente con vida propia, que se nutre del trabajo de los hombres que la quieren y la cultivan con esmero. Es una especie de diosa pagana a la que se venera, con la que se comparte y se late al unísono, en perfecta armonía.

Entonces dirá Gabriela: *"Desde que Dios sopló alma sobre el barro de Adán y puso ese cuerpo animado en un jardín se fijó la alianza perdurable de alma, cuerpo y cielo. El alma pide al cuerpo para manifestarse y el cuerpo necesita de la tierra para que ella le sea una especie de cuerpo mayor que la exprese a su voz y que le obedezca los gustos y las maneras"*.[169]

No sólo el amor por la tierra heredó Gabriela de sus ancentros indios, también le quedaron de ellos los modos, los gestos calmos, la sencillez y el gusto por estar en contacto con la naturaleza.

Estas particularidades de genio, que Gabriela comparte con sus antepasados, salen a la luz a través de cartas a amigos, en sus "Recados" o sencillamente en conversaciones. En una misiva enviada al escritor mexicano Alfonso Reyes se excusa por la demora con que le ha respondido: *"Mi silencio no ha tenido más causa que los siete meses de esta ciudad visitadora y de mi lentitud de india para despachar las cosas que otros hacen en poco tiempo"*.[170]

Esta "lentitud", Gabriela no la asocia con desgano o incapacidad por parte del indio, sino que tiene que ver con la diferencia de ritmo, que se produce entre los autóctonos y los blancos. Este último es acelerado y poco detallista. A diferencia, la lentitud del indio tiene que ver con su sentido de ver el mundo y entender su entorno. A través de las pupilas indias las cosas se examinan con detención y sin apuros, hasta casi traspasarlas.

La personalidad de Gabriela está empapada de sus progenitores étnicos, tanto indígenas como vascos. Su contextura física es el resultado de la herencia

---

[169] Mistral, Gabriela, "Conversando sobre la tierra"(San Juan, Puerto Rico, 1931), en: Ed. Ganderats, Luis, op. cit., vol. II, p. 274.

[170] Mistral, Gabriela, carta N° 29 (Niteroi, 4 de *noviembre* de 1940), en: Ed. Vargas Saavedra, Luis, *Tan de usted. Epistolario de Gabriela Mistral con Alfonso Reyes*, Santiago, Chile, Editorial Hachette, 1990, p. 129.

racial que le brindó un porte señorial —un metro ochenta de estatura— y un tinte de uva verde en los ojos; una sonrisa melancólica, acompañada de una mirada serena y tímida a la vez.

Quienes la conocieron, con frecuencia, quedaron gratamente sorprendidos al verla, pues la imagen que tenían de Gabriela sin conocerla, se centraba en dos constantes: seriedad y desaliño. Sin embargo, hay quienes —como Pablo Neruda— quedaron complacidos de certificar lo contrario:

"Pero cuando me llevaron a visitarla, la encontré buenamoza. En su rostro tostado en que la sangre india predominaba como en un bello cántaro araucano, sus dientes blanquísimos se mostraban en una sonrisa plena y generosa que iluminaba la habitación".[171]

La imagen gris de Gabriela se diluye, ante comentarios como el siguiente: *"Gabriela con esa cara de india majestuosa y fina que tenía, habló lentamente desde la casa de Toesca…"*[172]

Dejando en claro que el indio habita en su epidermis y en su alma, el cual al menor roce se hace patente, se deduce que el indio que la constituye está por sobre el español que le completa la humanidad y satura las venas.

Serán muchas las veces que la pensadora olvidará al vasco que anda por sus entrañas y pocas las que padecerá de amnesia india: *"Cuando rara vez miro mi cuerpo en el espejo, no me acuerdo del indio, pero no hay vez que yo esté sola con mi alma, que no lo vea. Tenemos hasta un punto en que esa otra máscara vasca se deshace y no me queda sino el indio químicamente puro"*[173].

Este indio "químicamente puro" motiva a Gabriela a estrechar lazos con sus pares-ancestrales; a defenderlos y por qué no decirlo, a defenderse a sí misma. A impedir, por ejemplo, que aquellos que no están al tanto de sus orígenes y el nexo profundo que ha logrado con ellos, lo pasen por alto con o sin intención. Es decir, cada vez que se quiera hablar de ella ya sea para criticarla, alabarla o atacarla se debe tener conciencia de su historia.

Entrar a su mundo indio, no es cosa fácil, quien quiera hacerlo debe cumplir ciertos requisitos, donde quizás el primordial sea respetar y amar la causa indigenista, de la misma forma que ella lo hace. Debe ser, de una u otra manera, un conocedor del tema.

Gabriela fruncirá el ceño cuando Paul Valery, destacado ensayista francés y consabido anti-indigenista, prologue uno de sus libros: *"Las razas existen. Y además de eso hay los temperamentos opuestos, no puede darse un sentido*

---

[171]   Neruda, Pablo, *Confieso que he vivido. Memorias,* Barcelona, Editorial Seix Barral, 1984, p. 28.
[172]   Mundt, Tito, *Las banderas olvidadas. Reportaje a una época apasionante,* Santiago, Chile, Editorial Orbe, 1964, p. 156.
[173]   Mistral, Gabriela, "Algunos elementos del folklore chileno" (1938), en: Ed. Scarpa, Roque, *Gabriela anda… op. cit.,* p. 324.

de la poesía más diverso del mío, que el de ese hombre...Yo le tengo la más cabal y subida admiración, en cuanto a la capacidad intelectual y a una fineza extremada que tal vez nadie posea en Europa, es decir en el mundo. Eso no tiene nada que ver con su capacidad para hacer prólogos a los sudamericanos y especialmente uno mío (...) Yo soy una primitiva, una hija de país de ayer, una mestiza y cien cosas más que están al margen de Paul Valery".[174]

Falso descastamiento

Si Gabriela no permitió que se pasaran por alto sus raíces, con la debida carga histórica que implicaban, con mayor razón defendió sus intereses y su persona.

La vida errante que llevó y los continuos viajes a los que se vio sometida, debido a su desempeño en cargos públicos como consulados y embajadas, despertaron ciertas envidias hacia ella, que con el tiempo derivaron en el cuestionamiento de su sentido de pertenencia; de patriotismo, y un sinfín de cosas más. A raíz de sus largos períodos de ausencia algunos intelectuales y otros no tanto, la tildaron de "descastada".

Cada vez que la Nobel se enteraba a través de diarios, revistas o simplemente comentarios que hacían alusión a su desamor por Chile, sentía rabia y desconsuelo a la vez. Cómo era posible que a una enamorada de su tierra, una mestiza confesa y declarada a los cuatro vientos, se la calificara como descastada por el hecho de permanecer distante.

Para Gabriela, Chile y su pueblo (al que más amaba) nunca estuvieron lejos, los llevaba estampados en su mente, como un mapa geográfico interno, imposible de borrar por más kilómetros que la separaran de él físicamente.

Así, llegado el momento de aclarar situaciones en las que se le juzga como extranjera amnésica de su territorio, Gabriela desenfunda la espada y afila severos juicios, que ocupa de escudo para resistir los zarpazos mal intencionados de quienes la acusan sin real conocimiento de causa.

El escritor español Federico de Onís, será uno de los intelectuales que encolerizará a Gabriela con sus comentarios relacionados al tema del descastamiento, reaccionará violenta y no tardará en responder las antipatías que Onís le propina.

"Este hombre me equivoca con el cónsul de Francia por hacerme la crítica de Francia —porque yo le resulto afrancesada al desgraciado— y me toma por el cuerpo

---

[174] Cfr. Iglesias, Augusto, *Gabriela Mistral y el modernismo en Chile. Ensayo de crítica subjetiva*, Santiago, Chile, Editorial Universitaria, 1950, p. 393.

de la América del Sur para decirme cosas que me dejan magullada por el resto de la semana".[175]

Del indio heredó mesura y discreción, pero también heredó coraje para cuando la situación lo requiriera, por eso es que si Onís, u otro personaje ponía en tela de juicio su sentido de pertenencia, el araucano bravío salía a socorrerla: *"Dios me ha puesto de espinón por ejemplo en Onís, español cien por ciento, como Santa Teresa, igual a uno de la conquista y que parece haberme tomado por india cautiva, también yo le muerdo a lo india de Chile".[176]*

El carácter de descastada que algunos le dieron a Gabriela tuvo por objetivo desperfilarla como indigenista, latinoamericana y sobre todo como chilena, sin embargo, se podría decir que ese intento de descalificarla, produjo un efecto contrario en ella: reforzó aun más su identidad, puesto que se mantuvo firme en sus convicciones y no se amilanó ante sus detractores.

La conciencia social en Gabriela alcanzó las cimas más altas, y no desperdició las oportunidades que tuvo, para acusar o pedir justicia en nombre de los indios americanos, condenados a una marginalidad impuesta por la cultura eurocentrista.

Tal era su preocupación por la suerte de los indios de la América española, que en su encuentro con el Papa Pío XII, llegado el momento en que el pontífice le dice que pida una gracia o por el bien de alguien, Gabriela reflexiona un momento y contesta: *"Sí, tengo un ser humano por quien quiero pedir"[177]*, dicho ser humano era el indio.

A fin de cuentas, Gabriela se ríe a solas de su mentado descastamiento, ella bien sabe lo que su corazón siente y su mente piensa, ya que el lazo que la une a su pueblo, su gente y su tierra es más estrecho de los que los demás estiman. Y mientras los ignorantes de su historia la llaman descastada ella está:

"[...] segura de que se me han quedado casi puros los gestos de allá [Chile]; la manera de partir el pan, de comer las uvas, de poner el pie con pesadez en el suelo quebrado, de llevar la cabeza como las personas criadas con poco cielo encima y la emoción fuerte cuando me encuentro con el mar, que es la de aquellos que no lo han tenido y escucharon hablar de él siempre como un prodigio. Por eso sonrío con la boca y me río en pleno con más adentros cuando leo u oigo la noticia de mi descastamiento".[178]

---

[175]   Mistral, Gabriela, carta N° 9 (30 de octubre de 1930), en: Ed. Vargas Saavedra, Luis, *Tan de usted... op. cit.*, p. 67.

[176]   *Loc. cit.*

[177]   Arciniegas, Germán, *Las mujeres y las horas,* vol. II, Santiago, Chile, Editorial Andrés Bello, 1986, p. 227.

[178]   Mistral, Gabriela, "Un valle de Chile" (Barcelona, enero de 1933), en: Ed. Ganderats, Luis, *op. cit.*, vol. II, p. 40.

Indigenismo con sentido social en Gabriela: una mirada hacia el origen

Remontarse a la época de la conquista de América significa recrear a través de la historia un cuadro doloroso y a la vez mítico, puesto que relucen como en una moneda de plata, dos brillos intensos que opacan la verdad o la objetividad de los hechos.

Estos brillos encandescentes son la valentía de los conquistadores al llegar al nuevo mundo, y, por cierto, la bravura de los indígenas que se resistieron a la invasión del blanco, teniendo por armas solo piedras, arcos y flechas.

En definitiva, volver la mirada hacia el origen de la América mestiza, equivale al hallazgo de un paradigma histórico saturado de elementos mítico-bélicos que legitiman el rol desempeñado por ambos contendores. Sin embargo al blanco se le otorgan más licencias y goza de una permisividad que atenta contra el mundo indio y la prueba más contundente está en la conquista y el coloniaje.

La historia que se nos ha enseñado por decenios, justifica la postura adoptada tanto por indios como por españoles. Es decir que en la batalla librada no existen víctimas ni victimarios. Cada parte lucha por lo que considera justo. El indio defiende lo que es suyo y la historia no lo juzga. El blanco conquista, coloniza y mata: la historia, tampoco juzga. Gabriela no comparte con esta postura de justificar al blanco, en su afán de dominar al indio.

Una vez comprendida la autodefinición mestiza de Gabriela, cabe estructurar y definir el pensamiento socio-crítico frente a la etnias indígenas existentes en América Latina. Si no se tuviesen como antecedentes de primer orden, su compromiso con la causa indígena resultaría complicado; tal vez infértil esta especie de lucha moral, en la que Mistral busca reivindicar los derechos del indio, al mismo tiempo que evaluar los vejámenes que este padeció desde que el europeo se propuso dominarlo y minimizarlo, mediante el despojo de su tierra y el sepulcro de sus costumbres. En resumen, desde que el blanco se propuso "domesticarlo".

"Allá en París no lo hubiese entendido; aquí en donde he visto la guerrilla desatada de los españoles contra todo sudamericano que no caiga en su domesticidad, lo entiendo perfectamente"[179] .

---

[179]   Mistral, Gabriela, Carta N° 11 (Pougakeepsie, Nueva York, 7 de abril, 1931), en: Ed. Vargas Saavedra, Luis, *Tan de usted... op. cit.*, p. 79.

El rechazo racial que padecieron los indios no sólo se palpa en la prosa de la Mistral, pues varios escritos contemporáneos a la época de la poetisa lo confirman. El desprecio por el color de la piel y las costumbres, fueron las principales causas que intelectuales de la época dieron como excusa para renegar de la raza aborigen. Sara Hübner Bezanilla fue una de ellos:

"Considerando a los araucanos, yo siento sobre todo que no se hayan extinguido antes, y que las malditas cualidades de su raza hayan llegado a impregnarse tanto entre nosotros."[180]

Otros no serán tan drásticos en sus juicios y tomarán conciencia de la realidad india existente tanto en Chile como en América Latina, sin por ello apreciar el valor racial del indio y respetar su "particular" manera de entender el mundo. En este sentido Benjamín Subercaseaux dirá:

"No nos queremos convencer de que este país —como otros de América— no está formado solamente por un grupo no superior a 300 o 400 personas que tiene una tradición racial o espiritual de Occidente, clara, definida, responsable y constante, sino que hay también otro mundo (¡el país entero!), que vive en un ensueño primitivo e insustancial, una mayoría abrumadora de cinco millones de habitantes que recién están asomando la nariz en el umbral de la civilización".[181]

Una reflexión de índole sicológica, de Luis Alberto Sánchez, refuerza la carga india que poseen los habitantes del nuevo continente, especialmente Chile:

"Una reiterada observación durante nueve años, me hace pensar que, sicológicamente, uno de los pueblos inconfundiblemente indios es el chileno. Sus apariencias externas pueden despistar, pero las psíquicas y sociales no".[182]

El combate que Gabriela libra en pos de la causa indígena es permanente y se basa en una convicción personal y moral. Su sentido de justicia respecto del tema proviene un arraigado lazo consanguíneo, sincero y sentido. La defensa del indio es más que nada, la defensa de su indio interno y de sus raíces ancestrales.

El sentido social de Gabriela maceró y maduró a la luz de una lectura metódica y acuciosa de la historia. Los libros y su vida humilde en el Valle de Elqui, conformaron la materia prima con la que la poetisa sopesó la historia. Esta le dejó un sabor a injusticia, debido a que el gran perdedor del proceso fue el indio:

"Porque el indio americano que Las Casas llamó la raza más dulce es, de modo especial, el quechua aimará. Esta dulzura se ha hecho por la maldad del blanco, tristeza indecible, dación de sí mismo no vista jamás, renunciación a todo, a la tierra suya, al

---

[180]   Hübner, Sara, "Charlas", en: *Sucesos*, año XVIII, Nº 897, Valparaíso, Chile, 1919.

[181]   Subercaseaux, Benjamín, *Reportaje a mí mismo. Notas, apuntes y ensayos*, Santiago, Chile, 1945, p. 216-217.

[182]   Sánchez, Luis Alberto, *Examen espectral de América Latina*, Buenos Aires, 1962, p. 72.

cuerpo suyo, al alma suya y hasta... esto que cuenta García Calderón, apropiación y confesión de los delitos no cometidos".[183]

Cuando Gabriela critica los castigos que el blanco sometió al indio, lo hace duramente. En el caso de Chile, el español fue quien irrumpió en forma violenta y sin ningún respeto por el aborigen. Este desde el principio fue inferior a los ojos del conquistador.

De acuerdo con la lógica colonizadora, el indio "necesitaba" ser civilizado, de lo que se deduce que debía adoptar la cosmovisión eurocentrista, que desechaba sus costumbres, usos y tradiciones. Tal desecho resultó conveniente para el conquistador a fin de lograr el beneficio civilizatorio del indio. Beneficio que por cierto nadie pidió.

La llegada del blanco a territorio americano, además de enajenar al indio, trajo consigo la semilla de una nueva raza, el comienzo de una nueva casta. El enlace de dos sangres opuestas, desde una óptica mistraliana, desembocó en la pérdida de identidad del indio y la exaltación del español. El mestizaje parió un alma ingrata, hija de la violencia racial, que tuvo por progenitores a indios y españoles.

La gesta bélica protagonizada por blancos e indígenas, según Gabriela, debe entenderse como un proceso casi inevitable, donde la sangre derramada, con el paso de los años, se convirtió en un símbolo de heroísmo y la vez en un impedimento para dimensionar el calibre real de la matanza indígena.

En este sentido la Mistral concluye que la batalla sangrienta, no fue sólo una prueba para medir al más fuerte, sino que fue un acto en el que el indio defendió su principal y única herencia: el territorio. Pese a que el indio quedó reducido en masa y alma, sometido al capricho blanco, dejó por herencia a las generaciones que le siguieron, la dignidad de defender aquello que les pertenecía por derecho natural.

"La raza es más española que aborigen, pero la glorificación del indio magnífico significa para nosotros, en vez del repaso rencoroso de una derrota, la lección soberana de una defensa del territorio, que obra como espoleo externo de la dignidad nacional. La Araucana, que para muchos sigue siendo una gesta de centauros de dos órdenes, romanos e indios, para Chile ha pasado a ser un doble testimonio, paterno y materno de la fuerza de dos sangres, aplacadas y unificadas al fin en nosotros mismos".[184]

---

[183]   Mistral, Gabriela, "Un maestro americano del cuento: Ventura García Calderón" (febrero de 1927), en: Ed. Scarpa, Roque Esteban, *Gabriela piensa en...*, Santiago, Chile, 1978, Editorial Andrés Bello, p. 214.

[184]   Mistral, Gabriela, "Breve descripción de Chile" (Málaga, 2º semestre de 1934), en: Ed. Ganderats, Luis, *op. cit.*, vol. II, p. 18.

A pesar del hostigamiento que el indio padeció a manos del blanco, jamás se rindió del todo, siempre quedó en el indio el espíritu libre e indómito, que dio hasta que las fuerzas se lo permitieron, batalla incansable por recuperar lo que el extranjero le arrancó.

"El segundo explorador, Don Pedro de Valdivia, el extremeño, llevó allá la voluntad de fundar y murió en la terrible empresa. La poblada, una raza india que veía en su territorio según debe mirarse siempre: como nuestro primer cuerpo que el segundo no puede enajenar sin perderse en la totalidad. Esta raza india fue dominada a medias, pero permitió la formación de un pueblo nuevo en el que debía insuflar su terquedad con el destino y su tentativa contra lo imposible".[185]

El mestizo: hijo maldito de la cruza indoespañola

No es un misterio que Gabriela siempre tuvo mayor inclinación hacia el indio puro, por sobre el español y el mestizo. El "injerto" o "violencia" racial a la que hace alusión, tiene que ver con la manera en que Gabriela percibe la brecha que separa a un indio de un mestizo; por el hecho de que por las venas de este último corre sangre europea.

Aunque ella es una mestiza, y es absolutamente consciente de ello, el resultado le parece odioso, pues el mestizo, por desgracia para la casta, ha sufrido una cruel mutación genética, que lo divide en dos partes. Una, antagónica a la otra, y que pareciera concentrar los defectos maternos y paternos.

Las diferencias entre blancos puros, indios puros y mestizos, para Gabriela son lo suficientemente claras. El indio acepta su condición de indio y no reniega de ella, el blanco es presumido, altanero y hace gala del nivel de superioridad que siente por sobre aquellos que no gozan de su misma estirpe; en tanto que el mestizo devanea y camina por la cuerda floja tratando de ocultar su descendencia india y esforzándose por ser un blanco a medias.

"Yo me tengo aprendido que el mongolismo o la indianidad nuestra, a menor dosis, más fuerte. El cuasindígena, con un ochenta por ciento de Asia en el cuerpo, vive echándose atrás como se aparta la guedeja de la frente el terrible porcentaje, desesperado de ser lo que es y decidido a recrearse español; el cuasiblanco vive menos preocupado de la ecuación; se la acepta y hasta se la mima. El blanco total criado en tierra de América, y que participa de la americanidad y solamente en paisaje y costumbre ¡y basta y basta! Ese suele hacer un bello alarde de solidaridad racial y libre de complejo y los complejos sabidos; declara a pecho abierto que es hombre de allá, criatura americana.

---

[185] *Ibid.*, p. 11.

"Existen naturalmente los blancos envalentonados de la venazón clara del brazo y de otras venazones problemáticas e interiores, pero afirmo la deslealtad sin superlativo del mestizo al aborigen".[186]

El mestizo entonces, es para Gabriela un desleal, que está continuamente tratando de opacar al indio en términos étnicos. Éste le molesta, le provoca incertidumbre respecto de su comportamiento y costumbres. Se crea en él una dicotomía identitaria, que lo hace cuestionarse de lo que es, lo que le gustaría ser y de lo que debería ser.

"Yo he observado en nuestra raza donde el indio obra más fuerte, sólo es un mestizo en que hay poco indio. Esa homeopatía la trabaja muchísimo. En tanto el mestizo cargado de indio o que tiene la obsesión del español de lo que le falta de mestizo, menos recargado, se ve frecuentado, perseguido, obsedido por esto, lo sepa o no lo sepa, porque hay unas obsesiones conscientes y otras inconscientes".[187]

Gabriela no comulga con aquellos mestizos que huyen del color de su piel y de su génesis india. Asegura que hay en ese gesto orgullo y soberbia de ser lo que se es; y declara abiertamente su preferencia hacia el indio "puro" por sobre el indoespañol.

"La cursilería nuestra me empalaga, los orgullitos, la soberbia y la maledicencia ociosa y temeraria. Más limpia y agradada me deja hablar con un indio […] Prefiero siempre el indio al mestizo y en la indiada prefiero al labrador".[188]

Esta "inseguridad racial" que estigmatiza al mestizo, tiene relación en cierta medida, con la mirada desdeñosa que el europeo le propina. Este ser le inspira al blanco recelo, pues está hecho de sangres revueltas, y es de alguna manera materia humana de bajo valor.

El mestizo expele impureza étnica y carece de un tronco único. El europeo no tolera este hecho, cuestión que da pie al rechazo por el indoespañol. Así, Gabriela propone al dilema dos soluciones: una, implica asumir y defender sin prejuicios el mestizaje con todo lo que él significa; la otra equivale a mudar el color de la piel.

"El indo-español permanece para el francés o el alemán, como una zona intermedia entre el Asia y el África, después del Japón, después de Egipto, y anterior

---

[186]   Mistral, Gabriela, "Joaquín Edwards Bello" (julio de 1934), en: Scarpa, Roque, *Gabriela...*, *op. cit.*, p. 124.

[187]   Mistral, "Gabriela, algunos elementos del folklore chileno" (1938), en: Ed. Scarpa, Roque, *Gabriela anda... op. cit.*, p. 239.

[188]   Mistral, Gabriela, Carta N°32 (1950), en: Ed. Vargas Saavedra, Luis, *Vuestra Gabriela: cartas inéditas de Gabriela Mistral a los Errázuriz Echeñique y Tómic Errázuriz*, Santiago, Chile, Editorial Zig- Zag, 1995, p. 101.

solamente a Mozambique… No nos resta, para conseguir la estimación de la América, sino hacer la defensa del mestizaje o rasparnos la tostadura del rostro…"[189]

El indio, en contraste con el blanco y el mestizo, sin duda que para Gabriela presentará más virtudes que defectos, quizás de su pureza étnica, devengan entre otras cosas la paciencia y la humildad para aceptar su destino; cargado de brutalidades e injusticias gratuitas. Dicha humildad y paciencia se tornan estoicidad para abandonarse a su suerte e incluso mirar al blanco con desconcierto, más que con odio.

"Que el indio espere sin acedía su justicia y su desagravio. Él tiene paciencia; lleva cuatro siglos de paciencia. Dios le dio este don natural y sobrenatural a la vez; él parece derramar la paciencia sobre todas sus potencias: en cuerpo, carácter y costumbre. Y él como Esquilo, que dedicó sus horas 'Al Tiempo', mira al siglo como a la semana y al milenio como al año".[190]

Aunque Gabriela afirma que el europeo aplastó al indio hasta casi aniquilarlo, no desmerece el aporte cultural que depositó en América. Esto Gabriela lo reconoce y pese a todo, lo aprecia. Sin embargo no perdona ni por un instante la violencia de la cual fue víctima la indiada. Esta reflexión, en parte resulta contradictoria, considerando el tono rudo que utiliza para referirse al blanco y su relación de dominio para con el indio.

"Amamos al europeo a pesar de sus culpas, le guardamos cumplida gratitud por cuanto nos dio y que fue mucho. Tal vez un día él llegue otra vez en masa a nuestra América, como el esquimal hostigado de su noche larga y venga a sentarse a nuestro círculo y se ponga, por fin, a entender al indio y justificar al mestizo. Si en ese día el blanco encontrase medio enloquecido al criollo americano, sabrá que hemos entrado en fiebre de adoptar lo occidental a tontas y a locas con un braceo de asimiladores atarantados".[191]

El braceo de "asimilador atarantado" del mestizo es lo que Gabriela quiere evitar a toda costa; la desesperación por adoptar al extranjero en las maneras, en las costumbres y en la entraña. Se propone desplazar aquello que atente de una u otra forma contra la preservación de la identidad y las raíces autóctonas.

Para Gabriela, aceptar el mestizaje como hecho irreversible, es libertad; es un acto de consecuencia con la raza: *"Somos mestizaje y con este material o con ninguno hay que trabajar y salvarse".*[192]

---

[189] Mistral, Gabriela, "Hispanoamericanos en París, José Vasconcelos: indología" (Fontainebleau, marzo de 1927), en: Scarpa, Roque, *Gabriela… op. cit.,* p. 193.

[190] Mistral, Gabriela, "Estampa del indio americano", en: Ed. Editorial Santillana, *Canto a México: Gabriela Mistral, Pablo Neruda,* Santiago, Chile, Editorial Santillana, p. 93.

[191] Mistral, Gabriela, "Estampa del indio americano", en: Ed. Santillana, *op. cit.,* p. 93.

[192] Mistral, Gabriela, "Hispanoamericanos en París…" (1927), en: Ed. Scarpa, Roque, *Gabriela… op. cit.,* p. 194.

Indigenista acérrima, Mistral no se calla lo que la ahoga, más si el ahogo tiene que ver con el deseo de extinguir al indio, desplazarlo de la memoria histórica, hasta casi hacerlo desaparecer de la faz de América. Cada vez que se da por resuelta la gesta en que al indio se le pisoteó en su propio continente, alza la voz:

"La raza existe, es decir, hay diferenciación viril, una originalidad que es forma de nobleza. El indio llegará a ser en poco más exótico por lo escaso: el territorio cubre el mestizaje y no tiene debilidad que algunos anotan en las razas que no son puras".[193]

Indigenista hasta el cansancio

Quienes la conocieron, o mantuvieron correspondencia con Gabriela, en más de una oportunidad trataron el tópico indigenista, el cual ella lo llevaba hecho bandera en su discurso, en su conversación cotidiana, o en sus recados. Habló del tema indio cada vez que el momento fue propicio.

Referirse al indio, implicaba para Gabriela entender un espectro en el que coexisten tres pilares fundamentales. La desventaja del indio frente al blanco en términos de beneficios sociales, la estigmatización del mestizaje y en tercera instancia el racismo profesado por el europeo.

A lo largo de su vida, tuvo adherentes y opositores de la causa indígena. De los primeros no se olvidó nunca, con los segundos se batió a duelo.

Dentro de los "enemigos" o escépticos al indígena, con quienes la Mistral se rozó, se cuenta Benjamín Subercaseaux, autor del libro *Chile o una loca geografía*. El escritor tuvo coincidencias como también desacuerdos con Gabriela respecto del indio. Lo que uno consideraba digno de preservar, el otro prefería obviarlo e incluso descalificarlo, como por ejemplo la contextura física y las costumbres.

Precisamente *Chile o una loca geografía*, concentra el grueso de las distintas formas de percibir al blanco, al indio y al mestizo. Hay un tono déspota en Subercaseaux que lo hace tomar distancia del indio. A través de su escritura deja claro que con el indio sólo comparte paisaje y territorio.

"Sabemos que para nosotros, europeos, el 'roto' nos rechaza con la fuerza que ningún otro pueblo de la tierra. Hay una especie de sadismo en este choque diario y en esta sorpresa diaria que nos brinda el carácter milenario del chileno".[194]

---

[193] Mistral, Gabriela, "Chile" (México de 1924), en: Ed. Scarpa, Roque, *Gabriela anda... op. cit.*, p. 304.

[194] Subercaseaux, Benjamín, *Chile o una loca geografía*, Santiago, Chile, Editorial Universitaria, 1940, p. 39.

En otros casos Subercaseaux hace mención a la estructura corporal del mestizo-español. Le parece a primera vista de gestos toscos y poco refinados:

"En cuanto al tipo mestizo-español, está compuesto por esos hombres exageradamente feos e innobles que forman una gran parte de nuestra población. Caras alargadas y blancas; mirada estúpida y sin vida; bocas de cualquier manera, menos de la buena. Hombros estrechos y de pecho hundido. El único chileno que observan los que no saben mirar... En realidad, si entramos en un tranvía y miramos las caras, éstas son en su mayoría de este tipo".[195]

Gabriela no tarda en reparar en esta apreciación y, disgustada, parece zarandear de los hombros a Subercaseaux, diciéndole: *"Endurézcase un poco usted y prefiera a las larvas finiseculares que pasean la ruta Cannes-Menton, la fealdad brutal y transitoria de nuestros pueblos mestizos. Porque eso es ella, en mucha parte: el desorden corporal que deriva así batido de dos sangres opuestas; la aspereza de un tejido parchado; la levadura de un pan enleudado por levaduras distintas y que pusieron a hervir juntas".[196]*

Aunque con la obra de Subercaseaux, Gabriela se reencuentra con su tierra y la recorre gracias a la descripción exhaustiva que el escritor realiza de Chile, y se lo agradece prologando su texto, no deja de reprocharle la barrera que pone entre él y el indio.

Gabriela separa entonces calidad de texto y autor, puede amar lo primero y a la vez cuestionar al segundo. Alone, célebre escritor y amigo personal de Gabriela es parte de esta dicotomía. Ella respeta al autor y su obra, pero no comparte su postura en lo que a defensa indígena se refiere. En 1946 Gabriela le escribirá a Alone una misiva en la que le manifestará una vez más su identificación con lo indio. Identificación que su camarada no posee:

"Estos civilizadores [españoles], estos cristianizadores y ahora comunisti-zadores, no perdonan nunca el que alguien, en la masa de los mestizos degenerados, ame al indio, lo sienta en sí mismo y cumpla su deber hacia ellos en forma mínima de "saltar" cuando lo declaran bestia y gente de color, es decir negroide. Yo sé, Alone, que usted hace poco ha atacado a Barros Arana por su simple mención de las salvaja-das de la conquista; yo sé que usted es de los blanquistas; pero sé también que es un hombre sin frenesí y lleno de decoro intelectual. Un día ha de ver el problema, cuan-do viaje y sepa que hay, no tres sino a lo menos 30 millones de indios que tienen derecho a vivir".[197]

---

[195]   Subercaseaux, Benjamín, *Chile... op. cit.*, p. 166.
[196]   Mistral, Gabriela, "Benjamín Subercaseaux y su libro Chile o una loca geografía" (1941), en: Ed. Scarpa, Roque, *Gabriela... op. cit.*, p. 100.
[197]   Vargas Saavedra, Luis, "Hispanismo y antihispanismo en Gabriela Mistral", *Mapocho*, N° 22, Santiago, Chile, 1970, p. 16.

La Mistral no dejó espacio a la crítica injusta del pueblo indio. Este es la base de la mezcla racial y eso merece, a lo menos, respeto. El indio no pidió a gritos la metamorfosis, ésta fue a la fuerza y el mestizo debió pagar las culpas de un vejamiento histórico.

Mestiza con alma de quena y manos de barro

De acuerdo con Gabriela, uno de los objetivos primordiales del folklore es rescatar las raíces, la identidad indígena de la América mestiza. Dentro de las funciones relevantes figura la de preservar justamente esta identidad que se traduce en el legado cultural indio.

Gabriela es, a lo mejor sin saberlo, una folklorista de tomo y lomo; basta leer unos cuantos pasajes del "Poema de Chile" para considerarla como tal. Al leer sus versos se respira aire cordillerano, se entra en un mundo de ensoñación en el cual se compenetra el hombre y su entorno natural, en el que una vorágine de flora y fauna arremolina los sentidos. Desde allí entonces la mujer de barro y sol que es la poetisa, nos muestra como en un tour silvestre, las maravillas autóctonas de la pacha-mama, como en un susurro mineral nos cuenta los secretos del desierto y los enigmas del bosque austral.

En su poesía se encuentran las materias nutricias de la tierra y la savia generadora de vida; ambas son también las referencias del indio llegado el momento de crear y expresar su sensibilidad artística.

El patrimonio cultural-folklórico al que Gabriela alude, dice relación con las distintas expresiones artísticas desarrolladas por la casta india, vale decir, la artesanía, el canto, la música y la poesía, como también los relatos míticos, las fábulas y las leyendas.

A partir del discurso mistraliano, el folklore se entiende como una vía de rescate de aquello que compone nuestra identidad y origen indio, en tanto que cultura mixta. El folklore entonces se convierte en una especie de tótem que alberga parte de nuestra historia, se torna un puente de comunicación entre el pasado y el presente. Desconocer este pasado, implica para Gabriela obviar el alma indígena que anida en cada uno de nosotros.

El olvido del patrimonio cultural indio y de la originalidad de las piezas artísticas que conforman tal legado, es el motivo que insta a Gabriela a pronunciarse, demandar y proponer soluciones que reviertan la situación.

El indio, a los ojos de Gabriela, es un ser complejo y simple a la vez, al que no se le entiende en su cabal dimensión y al que de una u otra forma se está silenciando o acallando. Así su arte padece junto con él, silenciamiento y desvalorización, que termina en una pérdida sin vuelta atrás de sus creaciones.

El interés de Gabriela por el desarrollo del folklore indio y en consecuencia de cada forma de expresión artística, por más rudimentaria o básica que ésta fuese, surgió de su instinto para captar belleza allí donde existía originalidad y sencillez, ambas características directamente relacionadas con el espíritu y talante indígena.

Así lo que algunos consideraban sólo gemidos desentonados y lastimeros, para Gabriela resultaban cantos nacidos de gargantas sabias y milenarias; lo que para otros eran cuentos fantásticos carentes de lógica y contenido, para la poetisa constituían textos que reflejaban la sensibilidad india y su particular cosmovisión.

Poesía, verso y fábula indígena

A medida que Gabriela va internándose en el mundo creativo del indio se sorprende y emociona con sus capacidades. Le llama la atención la habilidad del indio para nombrar y describir [se] con un lenguaje directo y a la vez simple, libre de adornos literarios y abundancias lingüísticas, tan utilizadas en la poesía criolla y mestiza.

"El sentimiento del indio está exento del romanticismo del criollo, es viril y tiene una sencillez un poco brutal como la de la peña rosada de su cordillera; la fuerza apuñada de estos poemas y su sequedad, recuerdan algunos epitafios espartanos..."[198]

La sencillez en la poesía india, afirma Gabriela, es belleza y sentido creativo; está libre de ramplonería y consta de sensibilidad austera tanto en la forma como en el contenido. La simpleza con la que el indio se expresa equivale a *"Una gran honradez de la palabra, por un sentido en que la palabra debe ser suficiente y no ir más lejos".*[199]

La medida justa, la precisión y la sobriedad que el indio imprime en sus escritos, es una extensión de su carácter igualmente sobrio, exento de pompa innecesaria. Gabriela define a los poemas indios como piezas creativas dignas de admirar por su síntesis. El indio le exige a la palabra lo preciso, puesto que busca la comprensión inmediata y sin rodeos que compliquen el mensaje.

---

[198] Mistral, Gabriela, "Algunos elementos del folklore chileno"(1938), en: Ed. Scarpa, Roque, *Gabriela anda... op. cit.*, p. 312.

[199] *Loc. cit.*

"Estos poemas cortos son como el aleteo del buitre nuestro; antes y después, inmediatamente después del verso no hay sino silencio y uno se queda impresionado por ese gran aletazo que se ha acabado en un momento".[200]

El indio traspasa su sensibilidad de la misma forma que se desplaza por la vida: sin alboroto, sin grandes aspavientos, siempre rodeado de un halo de discreción, que lo hacen parecer sombrío. Según explica Gabriela, quien menos entiende esta actitud del indio es el mestizo.

"Nunca entenderé por qué el mestizo ha sido tan incomprensivo, tan extrañamente trivial para entender y apreciar esta poesía".[201]

La poesía y en general los textos indígenas, son por excelencia la conjunción de emociones y sensaciones que desembocan en un verso corto y directo, el cual el mestizo subvalora por considerarlo extremadamente simple.

Gabriela no lo entiende así. Si bien el relato folklórico indio es diametralmente opuesto al relato "docto" o "clásico", no deja de ser por eso significativo y válido, pues si se le presta la atención suficiente se encuentran matices y tonos que revelan de una u otra forma la lógica del cosmos indígena.

Uno de los textos que cita Gabriela es la Fábula. De ella rescata el formato al que el creador se ciñe. Es tal vez un formato inconsciente, sin embargo pese a que el creador podría dar rienda suelta a su lenguaje, al adorno excesivo, a la adjetivación desmedida y la palabra por la palabra, no lo hace.

Al contrario —dice Gabriela— hay en ellas *una naturalidad maravillosa que el mestizo ha pervertido, ha perdido; hay en ellas una cantidad de huecos, de subentendidos en el indio, criatura dotada de más sutileza de la que le concedemos*.[202]

Si el indio es sobrio y "honrado de palabra" no sucede lo mismo con el mestizo y el criollo. Ambos se escapan de la pauta por la que se rige el habla del aborigen; incluso más, el mestizo con el afán de construir un relato que cumpla con sus expectativas de un texto acabado y significativo, toma a la fábula india reformándola bajo sus cánones hasta convertirla en un nudo empalagoso y finalmente cursi.

"El mestizo coge la fábula india, la adorna de una manera cursi, la vuelve barroca, con una gran sencillez y la enreda en malezas, en una imaginación gastada y turbia del europeo, y se malogra".[203]

---

[200] Mistral, Gabriela, "Algunos elementos del folklore chileno" (1938), en: Ed. Scarpa, Roque, *Gabriela anda... op. cit.*, p. 314.
[201] Ibídem, p. 314.
[202] *Loc. cit.*
[203] Ibídem, p. 317.

Deshacernos de la impronta artística del indio es negar las habilidades de nuestros ancestros, es decirle "no" a las sutilezas expresivas de quienes fundaron el origen de la raza indo-española. En contra de la amnesia y el desdén para con el folklore de la América morena, se queja Gabriela. Al respecto señala lo penoso que es relegar nuestra memoria histórica al vacío.

"Es muy malo sumir en el olvido la memoria de un pueblo; se parece al suicidio. Esa operación de anestesia de una cantidad de razas indígenas es echarle al olvido lo suyo; pero echárselo maldiciéndolo antes, haciéndolo por herético y satánico. A mí me da dolor hoy mismo".[204]

A partir de esta reflexión surge la relación que Gabriela establece entre lo religioso y lo místico que el folklore indio concentra. De alguna manera el desapego por la poesía, la fábula o cuento construidos por nuestros antepasados, se vincula con el carácter "herético" con que el blanco y el mestizo catalogaron estos textos.

El resabio mágico presente en el relato indio es lo que el blanco busca suprimir, tanto física como psicológicamente, del indoespañol.

"Yo estoy segura de que el misionero cuando destruyó, cuando quemó, cuando maldijo textos —porque maldijo también de los textos— no lo hacía sino por su horror de la herejía, de que se deslizara una gotita de paganía en aquellos preciosos textos que ellos echaron a olvidar, y esa operación de hacer olvidar a una raza su folklore, me parece a mí una de esas operaciones que llaman los teólogos "Pecado contra el Espíritu Santo".[205]

En definitiva el habla india es parte del legado folklórico de la cultura mixta, de la cual es heredera la América mestiza.

En los textos folklóricos nacidos del habla india, se funden relato y naturaleza, a la vez que magia, mitos y creencias forman una alianza destinada a transmitir el pacto de unión que hombre y naturaleza comparten. Dicho pacto está sellado con aire, tierra, fuego y agua; todos y cada uno elementos vivos y generadores de vida.

En este escenario se produce el punto de encuentro entre la poesía de Gabriela y la originalidad del relato indio. Ella entiende con la razón y el corazón, la materia prima con la que el autóctono trabaja, puesto que viene de un Elqui bañado de sol, prieto de mitos y fábulas, colmado de cerros y naturaleza.

La identificación de Gabriela con la producción literaria india no es un misterio entonces, ella conserva ciertas características, que heredó de los milenarios poetas indios. La sencillez fue estilo en la Mistral y al igual que sus hermanos nativos profesó la "honradez" de la palabra.

---

[204]   *Ibid.*, p. 326.
[205]   *Loc. cit.*

Los tópicos que el indio maneja no son sino los mismos referentes con que Gabriela nutre su verso y prosa; es en este plano que convergen y se miran a los ojos, indio y mestiza Nobel.

Mistral capta en este arte "salvaje", "primitivo" y "anticlásico" la esencia india que recorre la humanidad del mestizo, y aunque reconoce que los textos indígenas no cumplen las normas establecidas en los textos clásicos, con estructuras semánticas bien definidas, insiste en que son un aporte cultural por el hecho de ser originales y nuestros, junto con constituir un nexo racial.

"Hay veces que en la fábula no existe otro elemento utilizable que ciertas menciones de árboles o animales, pero como esas menciones de árboles y animales no están en la poesía, en la poesía culta, esas menciones son como una lanzada de casticismo que entra en nosotros.

"Hay veces que no hay ninguna idea precisa, ni leyenda, en una fábula folklórica, pero hay un ritmo, solamente un ritmo, un ritmo lo mismo que en una canción; y una se siente; se abandona a eso; y eso es un ritmo racial".[206]

La fábula folklórica, dice Gabriela, *"suele tener este ritmo. No es un ritmo natural de la forma; no es un ritmo métrico; es una cosa que va por dentro, es una corriente subterránea, es casi un elemento mágico".*[207]

El folklore indio hecho relato y textos; concretizado en poesía, fábula o verso, no puede ni debe diluirse en la profundidad del desconocimiento, de acuerdo con el pensamiento de Gabriela. Primero porque es parte de nuestra historia, en segundo término porque equivale al legado cultural que preserva las raíces y la identidad de la raza, y en tercer lugar porque nos recuerda quiénes somos y de dónde venimos, es decir, es un talismán contra el "descastamiento".

"Lo mejor que pudo haber pasado en bien de nosotros si el folklore indígena no se pierde, habrá sido salvar el folklore del descastamiento horrible que vendrá sobre nosotros, porque el folklore salva como una medicina, para esto, como un antídoto, de este "descastamiento".[208]

---

[206] Mistral, Gabriela, "Algunos elementos del folklore chileno"(1938), en: Ed. Scarpa, Roque, *Gabriela anda... op. cit., p.* 326-327.

[207] *Loc. cit.*

[208] *Loc. cit.*

Palabra y canto

A partir de la óptica mistraliana, se entiende que el folklore es la matriz de la cultura aborigen. Se esboza como la fuente de la sensibilidad artística del indio, la cual se concretiza de distintas maneras. Vimos anteriormente cómo la poesía, el verso y la fábula reflejan el carácter indígena y la forma en que Gabriela supo apreciar el "primitivismo" y "originalidad" de los textos.

Ante todo el folklore representa para Gabriela dos cosas: origen e identidad racial. Ambas características son una constante en el abanico de la creación india. El indio vuelca su sensibilidad creativa en distintos géneros, y uno de ellos es el canto.

El canto en el indio es una capacidad innata, viene con él anidado en las entrañas y es —según Gabriela— una forma especial de comunicarse con lo místico y lo religioso de su entorno, al mismo tiempo que señala que el canto indio tiene un plus sobre los relatos nativos, que es la capacidad de ser espontáneo y directo, sin mediación alguna que le reste misterio.

"Hay un misterio en el folklore, que es el misterio de la voz genuina de una raza, de la voz verdadera y de la voz directa, y es que en él se canta la raza por sí misma, no se canta por esa especie de altoparlante tan dudoso que es el poeta o es el novelista".[209]

Si Gabriela destacó de los textos indo-folklóricos la "honradez de palabra", de la música y canto indígenas valorará la originalidad proveniente de una extraña combinación de lamento rítmico, que deja ver la faz interna del indio y que lo transforma en un ser venido de tierras desconocidas a la razón europea.

"Agradecimiento les doy a las gargantas cantadoras por esta preciosa lealtad a sí mismas, virtud en que el indio sobrepasa al blanco imitador…"[210]

Este sentimiento Mistral lo describe en su texto "Música Araucana", allí plasma la sensación que le produce el sonido de las gargantas mapuches, semejantes a quejas rítmicas y cadenciosas, salidas del fondo del universo.

"Ellas [las canciones] me dan su extraño relato para hablar con expresión católica, pero de veras infrahumano, de criaturas que hablan y cantan con una voz tan extraña que, si no articulasen palabras, no la reconoceríamos como de semejan-

---

[209]   Mistral, Gabriela, "Algunos elementos del folklore chileno"(1938), en: Ed. Scarpa, Roque, *Gabriela anda… op. cit.,* p. 324.

[210]   Mistral, Gabriela, "Música araucana" (Buenos Aires, *La Nación,* 17 de abril, de 1932), en: Ed. Escudero, Alfonso, *Recados Contando a Chile,* Santiago, Chile, Editorial del Pacífico, 1957, p. 87.

tes, sino como seres de otra parte, de un planeta más desgraciado y que viviría la puericia que nosotros hemos dejado atrás".[211]

La relación que establece Gabriela entre voz y sentimiento, abren una ventana a través de la cual se puede llegar a tocar la fibra india, la voz hecha canto se convierte en un prisma capaz de traspasar la corporeidad de la raza milenaria. En ese canto lejano, Gabriela recupera un trozo perdido de sí misma.

"La voz nos confiesa, dicen, más que los gestos, más que la marcha y que... la escritura. Cierto es, y aquello que está sonando, la bendita máquina fea me lo oigo como una confesión, como un documento y como un pedazo de mi propia entraña perdida, casi irreconocible pero que no puedo negar".[212]

El canto y el habla están estrechamente ligados, y el indio especialmente pasa de uno a otro, naturalmente casi sin hacer distingo entre ambas. Cantar y contar se vuelven una misma tarea, cuestión que lleva a Gabriela a plantear que lo natural en el hombre es este juego canto-habla, que el indio practica para recordar sus "hábitos bárbaramente olvidados".

"Las cantadoras araucanas pasan sin sentirlo del habla al canto, del contar al cantar, volviendo al habla y regresando de ella a la canción con una naturalidad consumada.

Me hacen pensar mientras las oigo, en que el habla legítima pudiese ser esa mixta que escucho, conversada en las frases no patéticas del relato, y trepada a canción en cuanto el asunto sube en dignidad, se vuelve intenso, y entonces pide lirismo absoluto".[213]

Cuando Gabriela propone recuperar los "hábitos bárbaramente olvidados", lo hace con la intención de encontrar en esos actos la esencia creativa y sensitiva de nuestros ancestros raciales. Ellos —dice la Mistral— *"fueron más atentos, o solamente más sinceros en la expresión de sus sentimientos".[214]*

El canto es uno de estos hábitos, y contiene en sus notas consideradas 'anti-melódicas' historia y sentimiento indio, pero sentimiento al desnudo y sin trastocaciones. Mediante el canto es que el indio se mece a sí mismo, entona su gesta y comulga místicamente con el cosmos.

Cuando el indio se acompasa en sus letanías rítmicas y cadenciosas, el oído blanco se desconcierta y no reconoce melodía alguna. La música india no le parece digna de llamarse tal, y las entonaciones repetitivas se vuelven, a los

---

[211]   Mistral, Gabriela, "Música araucana" (Buenos Aires, *La Nación*, 17 de abril, de 1932), en: Ed. Escudero, Alfonso, *op. cit.*, p. 86.

[212]   *Ibid.*, p. 87.

[213]   *Ibid.*, p. 88.

[214]   Loc. cit.

que no llevan en su sangre la gota especiosa del indígena, "tiradas lentas", desprovistas de contenido.

"La monotonía de la canción es la misma que la de los demás pueblos asiáticos y se aproxima un poco a las de ciertas danzas polinesias. Los oídos acostumbrados a las modulaciones ricas, y especialmente a las barrocas, no entenderán nunca la belleza religiosa de estas tiradas lentas, de estos acunamientos profundos que los viejos pueblos se dieron para acompañar su tristeza y su misma alegría". [215]

La visión particular que Gabriela tiene del folklore, está estrechamente ligada al cosmos y al sentimiento indio. Además la poetisa desarrolla una idea fuerza presente en su discurso: la semejanza entre folklore y entraña.

El folklore como entraña; como matriz que anida el origen cultural, es la metáfora que Gabriela utiliza para explicitar que las creaciones que provengan del desempeño autóctono, pese a no tener el refinamiento del arte clásico, son poseedoras del espíritu racial de un pueblo. Pese a que dichas creaciones las define una estética distinta, gozan igualmente de un aura artística:

"El folklore se parece a la entraña. No se puede nadie acercar al folklore con un pensamiento demasiado estético. Las entrañas no son bonitas, son bastante feas; pero tienen la primera categoría en el organismo. Todo lo demás existe como adorno de ellas".[216]

Su juicio es categórico respecto del folklore y la directa relación que existe con el indio: *"El folklore es importante en cualquier raza, pero sobre todo en la nuestra".*[217] . En esta empresa de identificación y reconocimiento del origen— folklore, el indio es pieza clave: *"Para llegar a ser, el común denominador, el silabario es nuestro folklore".*[218]

Una vez que al folklore se le de el sitial que corresponde, entenderemos quiénes somos verdaderamente. Gabriela no tiene duda alguna de esto: *"No creo que haya una averiguación cabal de nosotros mismos, sino después de un largo registro de nuestro folklore".*[219]

[215]   *Ibid.*, p. 89.
[216]   Mistral, Gabriela, "Algunos elementos del folklore chileno"(1938), en: Ed. Scarpa, Roque, *Gabriela anda... op. cit.,* p. 324.
[217]   *Ibid.*, p. 328.
[218]   *Ibid.*, p. 330.
[219]   *Ibid.*, p. 328.

De espejismos y bellezas fantasiosas

Gabriela construyó un discurso para cada aspecto relacionado con el indio. Resaltó su arte, defendió sus derechos, destacó sus virtudes y justificó sus defectos. La poetisa indagó cada área del indígena desde lo cultural, lo social hasta lo étnico racial. Este último punto tiene que ver con la composición física de los indo-españoles y la particularidad genética contenida en ella.

Si reconocer los orígenes indios, aceptarlos como tal y asimilar la raza autóctona en su cabal dimensión equivalen a asumir la historia que cruza de punta a cabo la América española, también lo es aceptar la piel, el color y los rasgos que devienen de la mezcla racial entre españoles e indios.

El indio "puro" no tiene reparos en aceptar su condición, conoce con claridad su procedencia y está consciente de la sangre milenaria que corre por sus venas. Su alma es entera y sin grietas, sus costumbres conforman su visión del mundo y son ellas las que rigen su espíritu.

Nuevamente es el mestizo quien se encuentra en medio de dos paradigmas de vida; dividido entre el verdadero ser y el querer ser. El "verdadero ser" implica mezcla, significa sangres batidas por la historia y el coloniaje imposibles de trocar.

El "querer ser" está orientado al blanqueamiento y al delirio que el mestizo padece, en su afán de borrarse al indio que lo constituye. Este "querer ser" que disminuye al mestizo, se relaciona con el reconocimiento de sólo una parte de su origen, que no es precisamente la nativa, sino la europea.

La empresa de diluir por completo la impronta india, podría llegar a fin satisfactorio para el mestizo si no existiera el inconveniente de los rasgos físicos que lo delatan e impiden que el indio interno que anda por las entrañas, desaparezca por completo. Contra la piel tostada, los ojos rasgados y el pelo lacio el indio no puede combatir las líneas que lo moldean lo delatan y no existe antídoto para revertir la situación.

El mestizo, según Gabriela, es un imitador por naturaleza, sin embargo, las formas de la raza difícilmente se pueden emular o modificar. El indio brota por los poros del mestizo, se asoma en la negrura de las pupilas, en lo purpúreo del labio y en el gesto seco que en el indio es signo de desconfianza.

La vergüenza del mestizo por sus rasgos, de acuerdo con Gabriela, se funda en la idea que éste tiene de la belleza. Son "bellos" quienes poseen rasgos y facciones caucásicas, es decir, cabellos ondulados, frentes amplias y ojos claros; lo opuesto al indio y al mestizo. El canon de belleza impuesto por el blanco, excluye a las etnias indígenas por desencajar con las líneas establecidas.

"Una de las razones que dicta la repugnancia criolla a confesar el indio en nuestra sangre, uno de los orígenes de nuestro miedo de decirnos lealmente mestizos, es la 'llamada fealdad del indio'. Se la tiene como verdad sin vuelta, se la ha aceptado como tres y dos son cinco. Corre parejas con las otras frases en plomada: 'El indio es perezoso' y 'el indio es malo'". [220]

La estética fue uno de los tópicos que Gabriela incluyó en su defensa de los indios. Reflexionó acerca del tema con la agudeza característica en ella, sin entender como un tema menor el menosprecio del blanco hacia el indio, por las particularidades que da la raza.

Para la Nobel, las inseguridades del mestizo respecto de su físico no fueron un comportamiento natural, sino adquirido e impuesto generación tras generación por los europeos, y además reforzado por los propios hijos del injerto racial.

"Cuando los profesores de ciencias naturales enseñan los órdenes o las familias, y cuando los de dibujo hacen copiar las bestiecitas a los niños, parten del concepto racional de la diferencia, que viene a ser el mismo aplicable a las razas humanas…" [221]

No comparte la idea de belleza única o estándar. Por el contrario, señala que cada raza tiene belleza particular, que se entiende desde perspectivas propias y parámetros distintos, por lo que resulta insensato emitir juicios estéticos, basados en un canon eurocentrista, acerca de dos razas tan diferentes como son la india y la española.

"Debía haberse enseñado a los niños nuestros la belleza diferenciada y también opuesta de las razas. El ojo largo y estrecho consigue ser bello en el mongol, en tanto que en el caucásico envilece un poco el rostro; el color amarillento que va de la paja a la badana, acentúa la naturaleza de la cara china, mientras que en la europea sólo dice cierta miseria sanguínea; el cabello crespo que en el caucásico es una especie de corona gloriosa en la cabeza en el mestizo se hace sospechoso de mulataje y le preferimos la mecha aplastada del indio". [222]

La influencia que el indio y el mestizo reciben del blanco, en lo que a códigos estéticos se refiere, converge en el menosprecio y disconformidad que los aborígenes sienten por sus cuerpos. La belleza del blanco, en el indio se torna fealdad y la gracia del caucásico, en el mestizo se vuelve desgarbo.

El indio entonces aparece como el opuesto negativo del blanco, no diferente o distinto, sino que sencillamente exento de belleza. Gabriela combate tal apreciación, aclarando que en la diversidad está la base de la valorización

---

[220] Mistral, Gabriela, "El tipo del indio americano" (Nápoles, junio de 1932), en: Ed. Scarpa, Roque, *Gabriela anda… op. cit.*, p. 179.
[221] *Loc. cit.*
[222] *Loc. cit.*

estética, por lo que la raza caucásica no es la plantilla por la cual se deba medir la hermosura o fealdad de las etnias indias.

"*En cada atributo de la hermosura que nos enseñan, nos dan exactamente el repudio de un rasgo nuestro; en cada sumando de la gracia que nos hacen alabar nos sugieren la vergüenza de una condición de nuestros huesos o de nuestra piel. Así se forman hombres y mujeres con asco de su propia envoltura corporal; así se suministra la sensación de inferioridad de la cual se envenena invisiblemente nuestra raza, y así se vuelve viles a nuestras gentes sugiriéndoles que la huida hacia el otro tipo es su única salvación*".[223]

Escapar de su piel, "huir hacia el otro tipo", convierte al mestizo en un ser dividido por sus diferencias étnicas y raciales, le pesan como cadenas sus rasgos, no se los puede quitar, no los puede obviar y mucho menos ocultar.

Este peso que agobia al mestizo y subvaloriza al indio, ha sido creado por la rigidez y la prepotencia con que el europeo ha asumido la categorización estética. Al respecto Gabriela dice que: "*El indio es feo dentro de su tipo en la misma relación que lo es el europeo común dentro del suyo*".[224]

Los juicios que Gabriela formula, revelan el motivo que la impulsa a demarcar límites entre uno y otro arquetipo racial. Toma distancia de los esquemas preconcebidos, se aleja de los dictámenes que el europeo impone y no acepta la exclusión por selección, que éste utiliza para relegar a un plano de inferioridad a las etnias indígenas.

Cuando el europeo es puesto bajo la lupa mistraliana y se transforma en objeto de estudio, más vale atenerse a las consecuencias, puesto que Gabriela es severa al momento de criticar y no pasa por alto nada que considere de vital importancia. Menos si la crítica alivia de alguna manera al indio.

A partir de la óptica de Gabriela, se pude deducir que en la diversidad estética residen las categorías para definir qué es bello y qué no; cuáles son las medidas exactas y cuáles las desproporcionadas, qué color de piel es valioso y cuál color despreciable.

En relación a esto, Gabriela pone en tela de juicio la procedencia racial, casi divina, de la que tanto se enorgullece el europeo. Para ello, estudia el sistema que ha mitificado la belleza caucásica; belleza que ha perdurado a través de los siglos gracias a la institucionalización de ciertos rasgos escogidos y seleccionados.

La selección meticulosa con la que se ha elaborado el "ideal" de belleza al que Gabriela se refiere está plasmado en "El Falso Tipo de Fidias". Este es

---

[223]   *Loc. cit.*
[224]   *Ibid.*, p. 180.

según ella la materialización de la perfección deseada, pero escasamente alcanzada. Como en todo tipo de razas existen parámetros de belleza y fealdad. Así dentro de una misma etnia india habrá indios (as) más atractivos que otros, al igual que dentro de una misma raza caucásica.

El objetivo de Gabriela es dejar constancia del grado de correspondencia que existe entre el ideal de belleza que se han fabricado los europeos y la belleza cotidiana, traducida en los hijos y herederos de la perfección del tipo de Fidias. La espléndida belleza de la cual hacen gala los europeos no es más que una recopilación de los mejores atributos de la raza blanca, que está lejos de ser espontánea y natural.

"Se sabe cómo trabajaba Fidias: cogió unos cuantos rasgos, los mejores éxitos de la carne griega —aquí una frente ejemplar, allá un mentón sólido y fino, más allá un aire noble, atribuible al dios—, unió en esto líneas realistas con líneas enteramente intelectuales, y como lo inventado fue más copiado de veras, el llamado tipo griego que aceptamos fue en su origen una especie de modelo del género humano, de super-Adán posible dentro de la raza caucásica, pero en ningún caso realizado ni por griego ni por romano". [225]

Sus argumentos hablan del escaso parecido que hay entre el europeo común y la obra de Fidias, que es por excelencia la concretización del ideal de belleza-perfección con la que los europeos se identifican estéticamente. Tal identificación, en Gabriela despierta cierto asombro, o desconfianza por lo menos, pues su experiencia le dice que los europeos terrenales, aquellos que ve a diario, no son precisamente Fidias de carne y hueso.

"Me leía yo sonriendo una geografía francesa en el capítulo sobre las razas. La descripción de la blanca correspondía a una especie de dictado que hubiese hecho el mismo Fidias sobre su Júpiter: nariz que baja recta desde la frente a su remate, ojos noblemente espaciosos, boca mediana y de labios delicados, cabellos en rizos grandes: Júpiter, padre de los dioses. Yo me acordaba de la naricilla remangada, tantas veces japonesa, que me encuentro todos los días, de las bocas grandes y vulgares, de los cabellos flojos que hacen gastar tanta electricidad para su ondulación y de la talla mediocre del francés común". [226]

La belleza casi divina con la que se identifican los europeos, para Gabriela no es sino un conjunto de atributos perfectos, escogidos con profesionalismo que dieron por fruto un modelo imposible de hallar en su completa dimensión.

---

[225] Mistral, Gabriela, "El tipo del indio americano" (Nápoles, junio de 1932), en: Ed. Scarpa, Roque, *Gabriela anda... op. cit.*, p. 181.

[226] *Ibid.*, p. 182.

Si las etnias indígenas se sometieran al mismo proceso, el resultado sería sorprendente, explica Gabriela, si un escultor se dedicara a escoger con pericia las mejores facciones del la casta aborigen, el patrón de belleza que éste presentaría, no tendría nada que envidiar al tipo de Fidias.

"Los mayas proporcionarían su cráneo extraño, no hallado en otra parte, que es ancho contenedor de una frente desatada en una banda pálida y casi blanca que va de la sien a la sien.

"El indio piel roja nos prestaría su gran talla, su cuerpo magníficamente lanzado de rey o de rey soldado sin ningún atolladero de grasa en el vientre ni espaldas, musculado de una gran esbeltez del pie a la frente".[227]

El cuerpo esbelto que crea Gabriela es armónico en su propio estilo, no es de mejillas sonrosadas ni cabellos ondulados, pero es igualmente hermoso. Está construido a la perfección y todo gracias a los donantes que aportan sus mejores atributos físicos.

"El indio quechua ofrecería para templar la acometividad del cráneo sus ojos dulces por excelencia, salidos de una raza cuya historia de mil años da más regusto de leche que de sangre. Esos ojos miran a través de un óleo negro, de espejo embetunado con siete óleos de bondad y de paciencia humana, y muestran unas timideces conmovidas y conmovedoras de venado criollo, advirtiendo que la dulzura de este ojo negro no es banal como la del ojo azul del caucásico..."[228]

La belleza, entonces, no tiene límites para la imaginación sedienta de hermosura. La Mistral sabe eso, y en su afán de defender la raza a la que ama, pone a competir la belleza caucásica y la indígena. No es mero capricho la construcción de un modelo indio. En ese juego Gabriela intenta desmitificar la envidiada belleza blanca.

Su modelo indio busca quitar velos, valorar quiénes somos y querer lo que la naturaleza nos dio, pues el *"alegato contra el cuerpo indio va a continuar otro día, porque es cosa larga de decir y asunto de más interés del que le damos"*.[229]

Rasgos orientales en el indio

Gabriela defiende lo suyo, sus raíces, su origen y sus antepasados ancestrales que la constituyen. Amor por lo propio, amor a la tierra; es lo que

---

[227] Mistral, Gabriela, "El tipo del indio americano" (Nápoles, junio de 1932), en: Ed. Scarpa, Roque, *Gabriela anda... op. cit.*, p. 182.
[228] *Ibid.*, p. 183.
[229] *Loc. cit.*

la convierten en una americana incansable que impide con la asertividad de su pluma salvaje, el atropello a la dignidad india.

En los párrafos anteriores, escuchamos la voz de Gabriela, le oímos decir la importancia de valorarnos por lo que somos y de dónde venimos, sin padecer la angustia de alcanzar un inalcanzable como lo es la belleza caucásica.

La belleza del indio provoca en Gabriela un extraño misterio, colmado de exotismo, que muchas veces la llevan a identificar la casta india con la raza oriental. Capta en ambas, cercanía tanto en lo físico como en lo cultural, que la hacen reflexionar respecto de la procedencia de los aborígenes de la América morena.

"El tipo del araucano, a lo que se parece más es al japonés. Como el japonés tiene talla mediana, pero no existe en él debilidad. Es un hombre muy musculado, que solamente en las extremosidades del hambre llega a ser ese harapo humano que nos quieren regalar a cuenta del indio americano".[230]

Gabriela es una convencida de que la raza india de la América española, desciende del Oriente, y aunque al español no le guste reconocerlo, las coincidencias que estos comparten con los autóctonos son más de las que conciben, y si los conquistadores hubiesen sabido aprovecharlas en buena lid, la historia estaría escrita de otra manera.

"La fracción española arrastraba tantos elementos orientales, que sus disputas con las indígenas viene a ser un alboroto exagerado, si se consideran las numerosa coincidencias orientales de ambas, de las que no supieron aprovecharse los conquistadores".[231]

Las semejanzas que Gabriela detecta entre los hijos de Oriente e indios americanos, generalmente van acompañadas de una crítica hacia quienes desdeñan o sienten rechazo por determinadas facciones raciales. Su disgusto lo hace manifiesto y libera su ira, justificando el sentido de tal o cual gesto, o alabando tal o cual color del físico indio.

"Pero el indio también es trajinador sólo que cuando se para y mira un río, o a un ojo de agua, o a un animal, ese ojo de punzón negro de qué modo, no pestañea como el banalísimo del blanco, no mira esa cosa y las que están al lado, mira allí sólo y se sume en aquello como un perforador que se durmiese en ello. Cuando se levanta y después de un rato nos mira a nosotros, cómo aparece el tal ojo oriental. Todavía sigue parado en lo que veía. No entiendo cómo el famoso orientalista Keyserling me hablase a mí del ojo aymará como de un ojo de piedra, con un gran desdén. Hay piedras y piedras, señor Conde, y por

---

[230]   Mistral, Gabriela, "Algunos elementos del folklore chileno" (1938), en: Ed. Scarpa, Roque, *Gabriela anda... op. cit.*, p. 321.

[231]   Mistral, Gabriela, "Waldo Frank y nosotros" (Nápoles, agosto de 1932), en: Ed. Scarpa, Roque, *Gabriela... op. cit.*, p. 231.

acá una que llaman obsidiana, negra igual que estos ojos y no terrosa, llena de un duro destello que a usted le parecía más agudo que una picada de víbora".[232]

Mestiza de sangre y costumbre, reconoce su dosis oriental, que se despierta al menor roce, la música es un medio para detonar las fibras orientales a las que alude. Afirma que la música aborigen se asemeja las cadencias orientales, y el oído heredero de esta mezcla racial confirma este juicio.

Nosotros, dice Gabriela, *"Los que llevamos en la sangre la misteriosa gotera asiática, la lágrima especiosa que vino del Oriente, y que, gruesa o pequeña todavía puede en nuestra emoción y suele poder más que el chorro ibérico; nosotros entramos fácilmente en la magia atrapadora, en la delicia dulce de esta monotonía que mece la entraña de carne y mece también el cogollo del alma".[233]*

La visión orientalista que defiende Gabriela, nos revela su pensamiento amplio, capaz de encontrar conexiones donde otros ojos no las encontrarían. Sus juicios son invitaciones a la tolerancia racial y la diversidad. Son en última instancia un canto al respeto y a la vez una crítica social.

El indio es distinto, es un incomprendido y un marginado. Gabriela los cobija en su regazo hecho prosa y escribe sobre ellos, como una forma de inyectarles vida. Su escritura busca preservar los que otros quieren eliminar sin dejar rastro.

En este contexto Gabriela recorre la corporalidad india, reparando en todos y cada uno de sus miembros, encuentra la belleza natural y sin remilgos que la escultura de Fidias no le da, su indio le muestra lo terreno y al contrario descubre en la frente, las manos o el andar del indio la pureza de una raza venida de tiempos inmemoriales, casi sacada de alguna leyenda mágica.

"El indio en un abandono muy viril se deja el cabello hacia delante y como decimos en Chile tiene la frente calzada. […] La india camina a pie descalzo con un ritmo gracioso de verla y seguirla, con un verdadero ritmo racial. […] La india a menos que se la exponga a trabajos muy brutos que le deformen las manos, tiene unas manos preciosas; unas manos de flor […]"[234]

El indio no tiene mayor comparación con el caucásico. Se puede parecer a cualquiera menos un blanco, y si el mestizo o el indio buscan mudar de piel, de 'envoltorio', sólo padecerán las penas del infierno. Ambas se asimilarían sólo en otro tiempo y otro espacio.

---

[232]   Mistral, Gabriela, "Fernán Silva Valdés", en: Ed. Scarpa, Roque, *Gabriela... op. cit.,* p. 224-225.

[233]   Mistral, Gabriela, "Música araucana" (Buenos Aires, 17 de abril de 1932), en: Ed. Escudero, Alfonso, *op. cit.,* p.89.

[234]   Mistral, Gabriela, "Algunos elementos del folklore chileno" (1938), en: Ed. Scarpa, Roque, *Gabriela anda... op. cit.,* p. 322.

"El indio no está fuera nuestro: lo comimos y lo llevamos adentro"[235]

La identificación que Gabriela estableció con el tópico indigenista se vincula con tres elementos esenciales. El primero tiene que ver con el espíritu de justicia, el cual la llevó a denunciar los vejámenes que las civilizaciones indígenas padecieron durante la conquista y el coloniaje.

El segundo elemento dice relación con la arraigada conexión que la pensadora posee con la raza indígena. Tal conexión está basada en la importancia y valoración que Gabriela da al origen étnico-racial, pues en él se concentra la memoria histórica y la identidad del continente americano. El indio simboliza la esencia de la raza indoespañola.

El tercer elemento está ligado al reconocimiento y aceptación del indio en la conformación de la raza mestiza. Gabriela hace una crítica social, en la que el indio resulta ser una víctima marginada de derechos, menospreciada y subvalorada, tanto racial como culturalmente.

La sensibilidad que Gabriela tuvo para trabajar el tema indio, tal vez sin proponérselo, la convirtió en una mujer adelantada para la época en que vivió, cuestión que la transformó, al igual que sus parias indios, en una marginal pues rompió con los esquemas establecidos, analizando la realidad social sin tapujos y sin miedo a los prejuicios.

Consecuente con la causa por la que abogó, se autodefinió india y mestiza. Amó cada virtud del indio, así como justificó sus defectos. A través de sus escritos dignificó y valoró los orígenes autóctonos de América, explicando que echarlos al olvido o renegar de ellos, significa perder parte de lo que somos.

Aceptar, valorar y preservar, son las constantes que se destacan en la prosa mistraliana. Aceptar que la mezcla racial es un hecho irreversible y que ser mestizo no es motivo de vergüenza sino simple y llanamente una consecuencia histórica. Valorar el patrimonio cultural que la raza india legó. Sólo conociendo y respetando este patrimonio es posible saber quiénes somos y dónde venimos. Preservar las raíces, ya que ellas son el puente con la historia y el antídoto contra la amnesia étnica.

Sus juicios fueron claros y sin dobleces, reconoció sentirse más identificada con sus ancestros indios que españoles, criticó duramente el afán

---

[235]   Ibíd., p. 329.

de los mestizos por obviar su ascendencia india y al blanco por sentirse superior y fomentar el racismo.

Gabriela encontró en la sangre milenaria la savia nutricia de la raza indoespañola. Se reconoció en ella y a toda la América morena. El indio para la poeta fue sinónimo de arte, música y verso, fue encarnación de belleza exótica y melancolismo. Representó la encarnación mística del oriente y por sobre todo fue el opuesto del caucásico en todas sus dimensiones.

Gabriela Mistral nace, luego de escucharla hablar a lo largo de este capítulo, ante nuestros ojos como una machi sabia y generosa, ruda y a la vez sensible, fuerte e inteligente. Amante de la tierra, la naturaleza y lo propio. Descubre en el indio un cosmos rico en espíritu, con leyes distintas al eurocentrismo. Ella se integra a dicho cosmos; lo habita, lo vive y lo defiende del menosprecio blanco.

En casa de Fausto Coto Montero, en San Pedro de Montes de Oca.
Costa Rica, 1931.

Capítulo III
Mujer

La mujer de Gabriela Mistral

Aliada de la tierra

Con la bandera del "mujerío" Gabriela Mistral aparece en la historia de Chile como una perfecta desconocida. Su pensamiento sobre la mujer se pierde a nuestros ojos repartido en diversos artículos y cartas sin recopilar. Gabriela Mistral construye un discurso reflexivo que captura el ámbito místico y práctico de la mujer, creando con él un espacio femenino, lejos del poder patriarcal dominante de comienzos de siglo.

Para empezar la mujer mistraliana no se relaciona con el resto del mundo en forma externa. Su relación es íntima. Ella se funde en un solo sentir a la tierra; desde el origen éste es su elemento preceptor, su fuerza motriz. Sin ella la mujer pierde su gravidez, tan esencial para mantener al mundo como tal, con ese orden imperturbable que suele tener.

Desde los primeros tiempos, *"Cuando los pueblos primitivos asignaban al hombre el fuego y el aire como elementos suyos y señalaban a la mujer la tierra como su lote, tenían razón redonda, y acertaban en plano"*[236] porque ambas tienen un destino común: preservar, proteger y alimentar a los hombres...Y sobre todo, dar origen a la vida, con una obediencia silenciosa: *"No hay dramatismo histérico ni alharaca romántica en los días de la madre. Su vivir cotidiano corre*

---

[236]   Mistral Gabriela, "Conversando sobre la tierra" (San Juan, Puerto Rico,1931), en: Ed. Ganderats, Luis Alberto, *Antología Mayor,* vol. II, Santiago, Chile, Editorial Cochrane, 1992, p. 275.

85

parejo con la de una llanura al sol; en ella como en el llano agrario, la siembra y la cosecha se cumplen sin gesticulación, dentro de una sublime belleza".[237]

Si bien la tierra tiene muchas virtudes, es en la mujer donde éstas se humanizan, se asimilan y se complementan. Una auxilia a la otra en bien de provocar recursos para la existencia. El concepto de alianza además sentencia a la mujer: *"[...]tú eres la aliada de la tierra, la que debe entregar los brazos que colecten los frutos y las manos que escarden los algodones"*[238].

La mujer trabaja en conjunto con la tierra, en silencio, a veces con sonrisa placentera.

Gabriela reconoce ya en la tradición bíblica, la tarea de la mujer como proveedora por excelencia. Le importa, por lo tanto, la abundancia de la tierra porque quiere 'extraer' para 'dar', misión en la que se incluye: *"Las mujeres amamos las cosechas de Canaán, porque nosotras somos las proveedoras de las mesas y a nosotras nos toca distribuir el pan"*[239].

Es innato este dar y repartir en la mujer, es un atributo desinteresado de larga data. Y es otra de las alianzas entre la mujer y la tierra.

A la unión que hasta ahora pareciera haber tenido sólo un carácter espiritual, Gabriela Mistral le otorga vida y dolor, sobre todo cuando la tierra en mano del hombre es vendida, perdida o transada: *"Cuando el padre, el marido o el hermano hipotecan esa lonja labrada, la mujer es la única que llora, que siente en ese suelo una calidad de carne y se duele de la pérdida como de una amputación"*[240].

La mujer parece ser la única capaz de comprender que sin tierra no hay pasado ni futuro, porque se pierde el alimento, las tradiciones, todo lo que es necesario perpetuar. Esta encarna el arraigo necesario para la existencia. No en vano Gabriela especula que *"El mundo habría sido puro nomadismo y fuego fatuo de aventura inalcanzable si no le ponen al Adán la Eva al costado"*[241].

Gracias a esa estabilidad *"[...]la mujer crea sobre la tierra pesada de la que está segura, las costumbres que traen también su plomo adentro"*[242].

---

[237]   Mistral, Gabriela, "La madre" (Obra Maestra) (Río de Janeiro, agosto 1940), en: Ed. Ganderats, Luis, *op. cit.*, vol. II, p. 269.

[238]   Mistral, Gabriela, "A la mujer mexicana" (México, enero de 1923), en: Ed. Calderón, Alfonso, *Croquis mexicanos*, Santiago, Chile, Editorial Nascimento, 1979, p. 24.

[239]   Mistral, Gabriela, "Mensaje de Gabriela Mistral a los niños del litoral" (Rosario, 6 de abril de 1938), en: Ed. Scarpa, Roque Esteban, *Magisterio y niño*, Santiago, Chile, Editorial Andrés Bello, 1979, p. 69.

[240]   Mistral, Gabriela, "Conversando sobre la tierra" (1931), en: Ed. Ganderats, Luis, *op. cit.*, vol. II, p. 275.

[241]   *Loc. cit.*

[242]   *Loc. cit.*

Estas relaciones de alianza, origen, abundancia, arraigo y protección entre la tierra y la mujer son, para Gabriela, relaciones que perfilan el género femenino distinguiéndolo del masculino. Son entonces valores intrínsecos no transables de la naturaleza 'mujeril'.

La alianza con la tierra genera también la sabiduría de la mujer ante la vida. La comprensión telúrica le enseña secretos de la existencia. No por azar la poetisa declara: *"Tengo a la mujer como más saturada de sabiduría de vida que el hombre común"*[243].

"La mujer lo sabe todo, en lo que toca a los asuntos fundamentales de la vida, aunque siempre parezcamos ignorar demasiado"[244]. Mientras Gabriela enaltece esas condiciones que se nos escapan en la cotidianidad del día, la mujer continúa en silencio sus labores como si estuviera permanentemente cumpliendo un dictamen.

Y con esa simplicidad la mujer también va creando valores, tradiciones y principios extraídos de esa sabiduría de la vida de la cual es dueña. A todo le extrae su moraleja, su consecuencia, su enseñanza. Todo conocimiento se sistematiza en la mujer, incluso la creencia religiosa como lo denuncia la poetisa: *"El hombre recibe o hace la religión como una llama que lo empine hacia lo desconocido, y la mujer poco a poco transforma esa misma religión, de la mística pura que era, en la ética positiva y, a veces, en la vulgar policía del hábito, es decir, en aprovechamiento"*[245].

Compromiso social de la mujer

Gabriela Mistral construyó toda su vida un fuerte compromiso social. No en vano se vio constantemente sacudida por los vaivenes de la primera mitad del siglo XX: guerras mundiales, civiles, revoluciones e invasiones fueron el perfil de los tiempos.

La escritora huyó del mundo castrense (*"No creo en la mano militar para cosa alguna"*[246]) para ser una pacifista declarada: *"Mi posición moral de pacifista es la reacción normal que la guerra levanta en una mujer, y particularmente, en una ex*

---

[243]   Mistral, Gabriela, "Recado para doña Carolina Nabuco" (julio de 1941), en: Ed. Scarpa, Roque Esteban, *Gabriela piensa en...*, Santiago, Chile, Editorial Andrés Bello, 1978, p. 57.

[244]   Mistral, Gabriela, Carta N°2 (28 de agosto de 1937, Río de Janeiro), en: Ed. Vargas Saavedra, Luis, *Vuestra Gabriela: Cartas inéditas a los Errázuriz Echeñique y Tómic Errázuriz,* Santiago, Chile, Editorial Zig- Zag, 1995, p. 35.

[245]   Mistral, Gabriela, "Conversando sobre la tierra" (1931), en: Ed. Ganderats, Luis, *op. cit.*, vol. II, p. 275.

[246]   Cfr. Mistral, Gabriela, Carta a Benjamín Carrión, Quito, 1956, en: Ed. Quezada, Jaime, *Gabriela Mistral: Escritos políticos*, Santiago, Chile, Fondo de Cultura Económica, 1994, p. 17.

maestra y en una hispano-americana"[247]. Esta posición la llevó a trabajar por la mantención de la paz en la Asamblea de la Liga de las Naciones (1926); en la Asamblea General de las Naciones Unidas (1953); en diversos discursos —como el de la Unión Panamericana (1945)— o en numerosos escritos repartidos por el mundo, uno de los cuales irónicamente tituló *"La Palabra Maldita"*[248].

En América la paz se hizo ciega en varios puntos del continente. La conquista sangrienta fue el patrón de conducta para los años venideros. Por tanto, esta preocupación histórico-política no sólo liga a Gabriela, abarca también a todas las mujeres. Con más precisión, obliga a la mujer latinoamericana a ser parte de ello. Vigilar la paz es para la escritora una misión nuestra.

Esta intromisión no es gratuita. El universo femenino es requerido con apremio en esta hora, su mediación por la paz es urgente...

Por ello el desvelo une a Gabriela con el "mujerío": *"[...]Y es así cómo nosotras, mujeres de la América, sabemos que nuestra sola vigilancia angustiada de este momento, ha de ser la paz de nuestros pueblos. Vosotras me habéis saludado como a una de tantas artesanas oscuras y fieles que sirven en la artesanía divina de esa paz continental y en esto no os habéis equivocado, mujeres del Brasil"*[249] contesta nuestra escritora a un mensaje enviado, a través de Radio Cruzero do Sul en 1937, por las mujeres brasileñas que le dan la bienvenida a Gabriela a su arribo como Cónsul.

Dos décadas antes, en 1922, Gabriela Mistral había trabajado en México invitada por el Ministro de Educación Pública José Vasconcelos a participar en la Reforma Educacional del país que salía de la revolución. En ese país tuvo muchas satisfacciones, vio por primera vez hechas realidad sus luchas reivindicativas. La revolución social continuaba, dejando atrás las contiendas militares. Fundamental en ese período fue el accionar del "mujerío" mexicano que *"vivió la guerra civil siendo un elemento pacificador y manteniendo día a día, en ciudades y aldeas, un sentido cristiano unitario y unificador de la mexicanidad dividida.*

Tal vez fue el mujerío quien más padeció las consecuencias de esta lucha; en todo caso, ese mismo mujerío puso en los cuatro cantos del país la nota humanitaria y reconciliadora. Fueron esas madres y hermanas, quienes guardaron intacto el espíritu de unidad nacional y la costumbre cristiana, conservándolos contra viento y marea".[250]

---

[247]   Mistral, Gabriela, "Oficio de Gabriela Mistral sobre su posición política y la paz" (Nápoles, 11 de diciembre de 1951), en: Ed. Ganderats, Luis, *op. cit.*, vol. III, p. 538.

[248]   Cfr. Mistral, Gabriela, en *Repertorio Americano,* San José de Costa Rica, 1 de enero 1951.

[249]   Mistral, Gabriela, Carta N°2 (28 de agosto de 1937, Río de Janeiro), en: Ed. Vargas Saavedra, Luis, *Vuestra Gabriela... op. cit.*, p. 35-36.

[250]   Mistral, Gabriela, "Oficio de Gabriela Mistral sobre día de la madre" (Veracruz, México, 29 de agosto de 1950), en: Ed. Ganderats, Luis, *op. cit.*, vol. III, p. 493.

La mujer para Gabriela es sinónimo de paz. Podríamos decir que este término se suma a otros que forman su mundo místico y práctico: no podemos olvidar que todo entendimiento o valor se hace acción en la mujer. En beneficio de todos, pero con más amor por el niño: *"Queremos conservar en el Continente una forma de vida pacífica, es decir, la única manera de convivencia que conviene a la familia humana y también la única que ella puede escoger con decoro cabal. Y queremos guardar, mantener, celar, este bien que hoy en el mundo llega a parecer cosa sobrenatural. A causa de los niños, con los ojos puestos sobre este plantel [criadero] de nuestra carne, las mujeres nos decidimos a velar la paz americana".*[251]

Temas sociales que requieren llamados urgentes son los que motivan a Gabriela, y los que deberían motivar a toda mujer, porque son ellas después de todo, las que cargan con los fines humanos. Denunciar, motivar, ayudar, son acciones inevitables. *"Se cae [...] en error cuando, por especializar la educación de la joven, se la empequeñece, eliminando de ella los grandes asuntos humanos, aquellos que le tocan tanto como al hombre"*[252] o quizás más, porque la mujer lo endereza todo, lo renueva todo, con una diligente paciencia.

Gabriela Mistral, que vino a nosotros desprovista de toda opulencia material, no volverá a ser jamás muda o ciega ante la miseria. La pobreza que más le duele es la de la mujer, porque la pobreza de la madre es la pobreza del niño. Pedirá apoyo a todos, y se lo reclamará también a la mujer. Que ella misma vea y tenga presente a las más desdichadas, a las que trabajan de sol a sol y no ganan nada.

Apela al no olvido y a la solidaridad. *"Quiero recomendaros la llaga viva que es el trabajo de la mujer en el campo del trópico y de la Cordillera; deseo poner en la palma de vuestras manos de pioneras la víscera enferma que es nuestra vida ultra-rural"*[253] —les dice a las guatemaltecas en un Congreso de Mujeres—. *"La mujer del campo y la montaña, que ha pasado delante de vuestra vista apenas pergeñada, apresuradamente dicha, es la más desvalida de nuestras hermanas. Tomemos con ella nuestro primer contacto y no soltemos el vínculo atado hoy entre ella y la 'Liga Internacional de Mujeres' ".*[254]

---

[251] Mistral, Gabriela, Carta N°2 (1937), en: Ed. Vargas Saavedra, Luis, *Vuestra Gabriela..., op. cit.,* p. 35-36.

[252] Mistral, Gabriela, "Lectura para mujeres (Introducción)" (México, 31 de julio de 1923), en: Ed. Scarpa, Roque, *Magisterio... op. cit.,* p. 107-108.

[253] Mistral, Gabriela, "Recado para un Congreso de mujeres de Guatemala" (La Nación de Buenos Aires, 15 de abril de 1948), en: Ed. Ganderats, Luis, *op. cit.,* vol. II, p. 266.

[254] Mistral, Gabriela, "Recado para un Congreso de mujeres de Guatemala" (1948), en *ibid.,* vol. II, p. 268.

Es verdad que la escritora pide el compromiso de todas las mujeres, pero está claro también que son las "acomodadas" las que podrían hacer más. Por eso, cuando éstas se organizan para ir en auxilio de las otras, Gabriela no duda en destacarlo, ojalá todas ellas se hicieran eco y rompieran los mitos que reafirman la marginalidad de la pobreza.

No sólo le preocupa la escasez material, sino también la escasez del saber. Ella misma vio muchas veces en Montegrande y en otros pueblos donde estuvo, la falta de libros, de infraestructura para menesteres intelectuales y personas que quisiesen enseñar. Los pocos recursos se destinan a subsistir; en cambio para Gabriela vivir tiene mucho que ver con conocer, saber de los otros, instruirse.

Bienvenidas son entonces las iniciativas de las mujeres que hacen presencia. Como en Argentina, donde el Consejo Nacional de Mujeres de Buenos Aires ha creado un movimiento llamado "Madrinas de Lectura", al cual Gabriela dedica un recado en marzo de 1926. Describe en él que *"Las esposas de los terratenientes, las profesoras de Normal, las periodistas, etc., en una alta cifra, se inscriben contrayendo la obligación de tomar a cargo la lectura de una maestra rural. La labor es desinteresada…"*[255]

Lo místico y lo materno

La mujer de Gabriela Mistral no posee una visión analítica frente a lo sacro, lo oculto y lo divino. Las interrogantes las formula el hombre. Él sistematiza los procesos, les busca equivalencia en la razón para llegar a entenderlos, de otra forma se le escapan. Y él no quiere ser ignorante, quiere ante todo explicar. Ella en cambio no discute esas cosas, porque las resuelve en sí misma. Además su quehacer no dista mucho del ritmo de la naturaleza: va acorde al nacer y morir de las cosas.

Su intuición y contemplación le hacen arrancar moralejas, entregándolas en un lenguaje que no es jerárquico ni impositivo, sino expansivo. Por eso su pasado la ata a ser la curandera de lo endeble. Así fue desde el inicio, o más bien desde que el mundo se empeñó en masculinizarlo todo, ante lo que Gabriela Mistral tantea un 'mea culpa'. No en vano: *"Tal vez el pecado original no sea sino nuestra caída en la expresión racional y antirrítmica a la cual bajó el género humano y que más nos duele a las mujeres por el gozo que perdimos en la gracia de una lengua de intuición y de música que iba a ser la lengua del género humano"*.[256]

---

[255]   Mistral, Gabriela, "Madrinas de lectura" (21 de marzo de 1926), en: Ed. Scarpa, Roque, *Magisterio… op. cit.*, p. 98.

[256]   Olea, Raquel, "La otra Mistral" en Literatura y Libros, año I, Nº 51, *La Época*, 2 de abril de 1989, p. 6.

Hemos visto que la mujer como elemento místico en Gabriela Mistral tiene mucha relación con las expresiones de la Tierra. Tiene su ritmo, su entrega, su perpetuidad y su capacidad perenne de provocar y mantener la vida.

Para Gabriela Mistral la mujer alcanza su máximo contacto sobrenatural con la vida a través de la maternidad, es en ese estado y no en otro, que palpa su fuerza cósmica aquí en la tierra.

A través de la maternidad se legitiman materialmente todos esos secretos que la mujer alberga. De ahí que la poetisa diga con solemnidad que *"[...]la santidad de la vida comienza en la maternidad, la cual es, por lo tanto, sagrada"*.[257]

Gabriela tiene una complicidad tan íntima y profunda con la maternidad que, sin miedo, podemos sentenciarla como el pilar de su pensamiento. Es la maestría de las mujeres. Que no le vengan entonces con cuentos ni fábulas; porque hasta *"Una pobre mujer se incorpora por la maternidad a la vida sobrenatural y no le cuesta —¡qué va a costarle!— entender la eternidad: el hombre puede ahorrarle la lección sobre lo Eterno, que ella lo vive en su loca pasión. En donde esté, viva o muerta, allá seguirá haciendo su oficio, que comenzó en un día para no parar nunca"*.[258]

Su concepción de lo maternal no se suscribe necesariamente al hecho de alumbrar, tiene que ver más con una idea de maternidad universal, recurriendo a los conceptos que se desprenden de su alianza con la tierra: como madre no sólo vela por los niños, vela por la paz, por el alimento, por las creencias.

No se puede hablar de un solo tipo de maternidad. Gabriela Mistral nunca parió un hijo pero fue la voz protectora del pobrerío, de la tierra y del indio. Si bien la madre no es un ser sustituible existen otras formas también de serlo. Velar o cuidar son cualidades que se pueden extender a todo quien lo necesite. Siempre y cuando la mujer lo ejerza, porque ella está llamada a hacerlo, *"[...] sea profesional, obrera, campesina o simple dama, su única razón de ser sobre el mundo es la maternidad, la material y la espiritual juntas, o la última en las mujeres que no tenemos hijos"*[259].

Esa pasión femenina por atender las urgencias de la gente que le rodea es inherente a ella, ya que su condición de madre se traduce en un constante cuidado por mitigar el dolor no sólo de sus hijos sino también del mundo entero. Para Gabriela es entonces la mujer la llamada a hablar del dolor ajeno: *"Pienso que el ser que mejor recoja el dolor de las multitudes ha de ser una mujer,*

---

[257] Mistral, Gabriela, en: Ed. Ganderats, Luis, op. cit., vol. IV, p. 28.

[258] Mistral, Gabriela, "La madre" (Obra Maestra), (1940), en ibid., vol. II, p. 270.

[259] Mistral, Gabriela, "Lectura para mujeres" (Introducción), (1923), en: Ed. Scarpa, Roque, *Magisterio... op. cit.*, p. 106.

porque lo reconoce como madre, duplicado siente los males de su carne y la de los hijos suyos. El hombre sólo padece en la carne propia".[260]

Gabriela Mistral defiende hasta el cansancio su tesis de que el hijo pertenece a la esfera materna y no a la paterna. Durante toda su vida y a través de todos sus trabajos mencionó la inconstancia del padre.

No sabemos si su tópico proviene de su historia personal —su padre, Gerónimo Godoy, abandonó la casa cuando Gabriela apenas tenía tres años—. Nos inclinamos a creer que es el resultado de una experiencia mixta. Porque la escritora trabajó en muchas escuelas rurales, y recorriendo buena parte de nuestro país, conoció de cerca que el hombre chileno tarde o temprano, literalmente o no, abandona a su mujer y ésta tiene que hacerse cargo de los hijos, el sustento y todas las obligaciones de subsistencia.

Fernando Alegría, quien compartió muchas veces con la escritora en ámbitos más cotidianos, escuchó la crítica que Gabriela ponderaba al otro género: *"La figura del desertor se transformó en un mito y Gabriela llegaba a enardecerse hablando de la triste condición de la mujer paria en Chile, mientras culpaba al varón con terribles anatemas. La escuché decir estas cosas varias veces y advertí que era imposible rebatirla: no aceptaba argumentos [...] El hombre del pueblo se va, insistía; deja a su mujer y a sus hijos abandonados. Decía el hombre, pero pensaba en su padre"*.[261]

Algunas costumbres nacionales que son mucho más fuertes en provincias como en las que se crió Gabriela Mistral le llevaron a decir que *"[...] el salario del hombre, como el agua en secano, es absorbido en buena parte por la cantina, por el prostíbulo, por la riña de gallos y otras vergüenzas llamadas 'diversiones'. Y de este modo, el ultracampo vive un matriarcado increíble: ¡la familia está apuntalada por la horqueta diz que tan débil de la mujer!"*[262].

Así es como Gabriela empieza a construir un mundo mujeril propio. A fuerza de ver que la mujer se las batía sola, creó —y describió— todo un universo en torno al hogar, donde el hombre más que faltara, sobrara. *"[La] Mistral, [...] no podría haber sido [...] sino madre soltera. Imposible imaginarla casada, del brazo de su marido"*.[263]

---

[260]   Mistral, Gabriela, "La enseñanza, una de las más altas poesías" (Probablemente de 1917), *en ibid.*, p. 274.

[261]   Alegría, Fernando, "Genio y figura de Gabriela Mistral", Buenos Aires, Editorial Universitaria, 1966, p. 20.

[262]   Mistral, Gabriela, "Recado para un Congreso de mujeres de Guatemala" (1948) en: Ed. Ganderats, Luis, op. cit., vol.II, p. 267-268.

[263]   Oyarzún, Luis, *Diario Íntimo*, Santiago, Chile, Departamento de Estudios Humanísticos, Universidad de Chile, 1995, p. 409.

No le costó mucho encontrar razones. Si bien la condición del embarazo margina de inmediato al hombre en un aspecto biológico, su distancia continúa posteriormente para finalizar en un completo desentendimiento, por una suerte de vocación masculina. Es como si fuera una tradición la despreocupación por el hijo, como si bastara con brindarle lo material y saltarse todos los momentos de convivencia, y destinar esos 'pequeños' menesteres a la madre.

"El padre anda en la locura heroica de la vida y no sabemos lo que es su día. Sólo vemos que por las tardes vuelve y suele dejar en la mesa una parvita de frutos, y vemos que os entrega a vosotras para el ropero familiar los lienzos y las franelas con que nos vestís. Pero la que monda los frutos para la boca del niño y los exprime en la siesta calurosa eres tú, madre. Y la que corta la franela y el lienzo en piececitas, y las vuelve un traje amoroso que se apega bien a los costados friolentos del niño, eres tú madre, madre pobre, 'la ternísima'".[264]

Gabriela Mistral ama esos pequeños detalles porque configuran el alma universal de las mujeres. La paciencia, el sacrificio, la ternura, no son lisonjeos, son cualidades que lamentablemente han sido manoseadas, reducidas a "lugar común".

El ejercicio de la maternidad además de ser un modo de conciencia mística —extendible a una concepción de mundo— es una manera de perpetuar, perfeccionar y sustentar la raza y al pueblo.

Mujeres y mujeres

"Mi traza es como la de una cocinera de aldea frente a esas joyas, esas sedas y esos terciopelos..."[265]

A principios del siglo XX surgió un tipo de mujer de clase alta que comenzó a iniciarse en la vida social de nuestro país y que por lo tanto, disfrutaba de una situación económica bastante holgada. Son, en palabras del escritor Fernando Alegría, *"[...]mujeres de sobria dignidad, de belleza espléndida, educadas en respetables tradiciones europeas, quienes, desdeñando el ambiente de burgués comercialismo en que se movían sus maridos, auspiciaban causas filantrópicas, proyectos literarios y artísticos [...]".*[266]

---

[264]   Cfr. Santelices, Isauro, *Mi encuentro con Gabriela Mistral (1912-1957)*, Santiago, Chile, Editorial del Pacífico, 1972, p. 51.

[265]   Mistral, Gabriela, Carta Nº XVIII, a Eduardo Frei (1951), en: Ed. Ganderats, Luis, *op. cit.*, vol. III, p. 506.

[266]   Alegría, Fernando, *op. cit.*, p. 44.

Chilenas como Iris —seudónimo de Inés Echeverría, bisnieta de Andrés Bello—, Shade, Blanca Subercaseaux, Roxane o María Luisa Fernández Bascuñán —quien firmaba como "Monna Lissa" y fundó la "Unión Patriótica de Mujeres de Chile"—. Ellas conformaban el grupo de mujeres aristocráticas que se deleitaban con el culto de las artes y las letras en revistas de la época como *Sucesos*, *Familia*, *Zig-Zag*, *Figulinas*, *Primrose* y *Luz y Sombra*.

Influenciadas por los movimientos femeninos de Europa y Estados Unidos, las mujeres comienzan a organizarse. Así en en el año 1915 Amanda Labarca Huberston crea y encabeza el "Círculo de la Lectura" y un año después es fundado por las mujeres de alta sociedad el "Club de Señoras".

La aristocracia chilena rodeó a la nueva poetisa. Sin embargo para Gabriela Mistral muy pocas de ellas fueron sus amigas (*"[...] allá adentro nunca tuve entre mis numerosas amistades, sino una sola alma con quien hablar: la preciosa criatura que se llama Blanca Subercaseaux de Valdés. Nada más, nada más".* [267]). Si bien en un principio se entusiasmó con las tareas y afanes altruistas que prodigaba la burguesía, después se fue desencantando de ella y de los rumores que la acusaban de ser una 'trepadora' social.

Un ejemplo fue su accidentado acercamiento a Iris, episodio que ocurrió en 1915. Iris comentó a una prestigiosa revista su iniciativa de crear un círculo de encuentro espiritual de mujeres, idea que gustó a Gabriela y así se lo hizo saber:

"Señora: Desde hace 5 ó 6 meses, desde que leí una entrevista publicada en "Zig-Zag", tengo como la obsesión de escribirle. Habló usted al que fue a verla de unos proyectos de asociación con fines de alta espiritualidad, y yo leí eso con una emoción enorme. Desde entonces he tenido pronta la hoja blanca para mandarle mi homenaje de admiración y mi ruego.

"Siempre me detuvo el pensar que siendo yo nadie, mi palabra se perdería. Hoy me he decidido. Acabo de leer un maravilloso artículo de Annie Besant, y mi prejuicio lo he vencido con este pensamiento: yo no pido respuesta para esta carta, yo necesito decirle lo que sigue, nada más.

"Necesitamos una asociación de la índole de la que usted habló al repórter. Sería esa la obra más alta que se haya hecho en Chile desde hace cinco o más años. Hay que abrir a la espiritualidad brechas más anchas en el vivir humano, en el arte, en la literatura, sobre todo, que está anegada en barros pesados. Usted y sólo usted puede y debe ponerse a la bella empresa. Hay mil almas indecisas; pero llenas de buena voluntad,

---

[267]   Mistral,Gabriela, Carta a Francisco Dussuel (1951), en: Ed. Ganderats, Luis, *op. cit.*, vol. III, p. 530.

prontas al llamado, que irán hacia usted. No le hablo de mí, que nada significo; le hablo de muchas gentes en que estas cosas despiertan como un alba inmensa y dorada, y que usted reunirá a su sombra para trabajar. Esta voz ardorosa que le llega a usted desde una desconocida provincia, le dice —aunque sepa mejor de esto—, que la simple insinuación de sus proyectos prendieron entusiasmo y cariño en muchos espíritus. Cariño por usted que quiere prestigiar estas ideas con su luminoso nombre, por todos respetado.

"Quisiera hablarle más, muchísimo más, pero el estar enferma, y el tener que escribirle con mi letra y no a máquina, la dificultad que tendrá para leerme, me hacen dejar de escribir. He dicho lo suficiente: que espero su obra, que la esperan muchos, que es usted quien ha de poner mano a ella; que el bien traiga todo esto echará lirios en su camino, bajo sus plantas finas. Con admiración y respeto:
Gabriela Mistral."[268]

Lamentablemente Iris publicó la carta en la revista *Sucesos*, lo que produjo una mala impresión, no sólo por la orientación religiosa sino también porque se acusó a la poetisa de adular a las personas de la alta sociedad.

A lo que Gabriela respondió: *"[...] escribí a Iris, escritora espiritualista, de mis mismos pensadores religiosos, no a doña Inés Echeverría, la gran dama, que no me interesa en absoluto en este carácter".*[269]

Además no todas estas mujeres tenían nobles intenciones, muchas de ellas se interesaban más por figurar que cultivarse intelectualmente y mucho menos, mostraron preocupación por la inmensa mayoría de mujeres parias de nuestro país. Desentendimiento que relmente enfurecía a Gabriela Mistral.

Ella parecía concebir una suerte de contradicción vital entre los valores supremos y los valores banales provenientes de lo fastuoso. Su afán de simpleza y austeridad, las acercaba más a la mesura y a la belleza sincera y cruda de la naturaleza. *"Cuando usted viva en el campo se reconquistará a sí mismo, y vivirá vida altísima, la vida que se vive cuando se está a solas con su corazón. No tiene el mundo nada mejor que esta exaltación espiritual que dan el arte, la naturaleza, los sentimientos soberanos. Cuando se llega a comprender esta verdad, todo lo demás: sociedad, chiste mundano, faldas empingorotadas de mujeres, se les mira desde el margen del camino, se les ve pasar con una sonrisa fría entre los labios".*[270]

---

[268]   Cfr. Alegría, Fernando, *op. cit.,* p. 43.

[269]   Mistral, Gabriela, Carta N°1, en: Ed. Silva Castro, Raúl, *Gabriela Mistral. Epistolario: Cartas a Eugenio Labarca 1915-1916*, Santiago, Chile, Ediciones de los Anales de la Universidad de Chile, Serie Roja N°13, 1957, p. 19-20.

[270]   Cfr. Mistral, Gabriela, Carta a Isauro Santelices (Andes, 1976), en: Santelices, Isauro, *op. cit.,* p. 77.

Este sentimiento de enajenación llevó a Gabriela a ser durante toda su vida consecuente con la sencillez, no sólo de apariencia, también de espíritu.

Pero la aversión de la escritora por la concepción burguesa de enfrentar la vida, también se extendía a una serie de otras características propias de la condición, que son acusadas con humor y cariño al referirse, por ejemplo a la uruguaya Juana de Ibarbourou: *"Le guardo la más cabal admiración literaria y no hay astilla que le saque a lo que le di en aprecio hace diez años. Pero ella, su persona, me gustan menos, y por una razón que lo va a hacer reír: es muy burguesa, pero muy burguesa. Sería cosa de un año contarles yo lo que llamo burguesa. Vaya no más este anticipo. Demasiado bien criada, incapaz de hacer un disparate, demasiado sagaz para este mundo"*.[271]

Gabriela Mistral se juzgaba como un espíritu nuevo, libre de compromisos formales y ajena a las costumbres sujetas a la obligación. Ella obedecía a sus propias tradiciones, a sus propios compromisos.

Es bueno recordar también que la primera década del siglo fue una época turbulenta socialmente producto del clima entre guerras, lo que en Chile provocó una fuerte ansia de transnacionalizar al país, con miras a Europa y Estados Unidos.

Fue un tiempo de viajes, de figurar junto a otras mujeres de alta sociedad la que, ya cerca del final de su vida —1951—, hizo caer en cuenta a Gabriela Mistral en reflexión con Eduardo Frei Montalva, por qué en Chile no se asimiló su forma de ser, por qué se le rechazó, por qué no se la sentía como propia: *"Hay en Chile, amigo mío, una tal pasión de lujo y mundanidad que me asusta desde hace años[…] Al saludarles me doy cuenta que en mi traza es como la de una cocinera de aldea frente a esas joyas, esas sedas y esos terciopelos[…] He entendido muy tarde el desprecio que tuvo mi país de mí, mujer mal vestida"*.[272]

Abandono del hogar

La mujer burguesa y la mujer liberal que ingresa al ámbito del trabajo son el sinónimo de la "mujer nueva", aquélla que en el siglo XX ha encontrado fuera de la rutina del hogar el mundo —social y laboral— que le había sido prohibido, donde había reinado con poderes absolutos hasta ese entonces el hombre.

---

[271] Mistral, Gabriela, Carta N° VII (Cavi di Lavagna, 8 de abril), en: Vargas Saavedra, Luis, *Tan de usted. Epistolario de Gabriela Mistral con Alfonso Reyes*, Santiago, Chile, Editorial Hachette, 1990, p. 56.

[272] Mistral, Gabriela, Carta N° XVIII, a Eduardo Frei (1951), en: Ed. Ganderats, Luis, *op. cit.*, vol. III, p. 506.

Con alboroto la mujer comienza a participar codo a codo con el hombre; feliz de saberse "productiva" en un campo donde los alicientes son materiales y mejor vistos por la sociedad. Dos factores que van alimentando su autoestima. Son tiempos entonces de exaltada expectación. Sin embargo nuestra escritora preveía que después de esta excitación primera, vendría la consecuencia de que la mujer al alejarse de las labores hogareñas, abandonara tras de sí también a los hijos: *"La participación, cada día más intensa, de las mujeres en las profesiones liberales y en las industriales trae una ventaja: su independencia económica, un bien indiscutible; pero trae también cierto desasimiento del hogar, y, sobre todo, una pérdida lenta del sentido de la maternidad [...]El descenso, imperceptible pero efectivo, que se realiza desde ellos hasta nosotros me parece un triste trueque de firmes diamantes por piedrecitas pintadas, de virtudes máximas por éxitos mundanos; diría más: una traición a la raza, a la cual socavamos en sus cimientos. Puede haber alguna exageración en mi juicio; pero los que saben mirar a los intereses eternos por sobre la maraña de los inmediatos verán que hay algo de esto en la 'mujer nueva'".*[273]

Se evidencia otra vez el pensamiento vigía de la escritora. Gabriela Mistral acusa que el espacio natural de desarrollo femenino es el hogar, no el hogar en sí mismo —que no se malentienda a Gabriela— sino la vigilancia amorosa de la niñez.

No se puede caer tampoco en el error de creer que ella niega a la mujer las puertas del trabajo; lo que sí le molesta son esas mujeres que no teniendo la necesidad de ganar dinero —e incluso rodeadas de lujos—, se dejan seducir por los grandes salones y buscan reinar como la mejor 'danzadora de charlestón' ("La escuela nueva en nuestra América").

Son esas mujeres las que conciben al niño por un mandato social del matrimonio, para luego abandonarlo a otros que lo críen, para bien o para mal, dependiendo de la suerte voluble que se da lejos del amparo materno.

"Con aquella legión de madres ricas, que han entregado sus niños a todos los extraños para que hagan de ellos lo que les plazca, a la niñera, a la maestra mala, a la calle todopoderosa, con tal de seguir los espectáculos estúpidos de la estación y hacer la 'gran dama 1950', con ésa no hay nada que hacer; fue una máquina que, a su pesar, entregó un niño, pero que no muda el niño en hijo".[274]

Gabriela antepone a este concepto de 'mujer nueva' y 'mujer burguesa', el término de mujer "primitiva" o "no emancipada" y el rasgo

---

[273] Mistral, Gabriela, "Lectura para mujeres" (Introducción) (1923), en: Ed. Scarpa, Roque, *Magisterio... op. cit.,* p. 106.

[274] Mistral, Gabriela, "La Escuela nueva en nuestra América" (marzo de 1928), en: Ed. Scarpa, Roque, *Magisterio... op. cit.,* p. 183.

que diferencia a ambas es el grado de compromiso que presentan ante el cuidado del niño.

Si bien muchas mujeres deben mantenerse fuera del hogar para trabajar, lo que a Gabriela —por lo visto y vivido— le consta en carne propia, no se desentienden de su rol fundamental y cargan a los hijos al lugar de trabajo para compartir con ellos, vigilando de reojo sus juegos infantiles mientras cumplen otros menesteres. Esta mujer aunque trabaje sigue siendo la 'no emancipada' y levanta en Gabriela un sentimiento de admiración y comprensión total.

En cambio la otra, la 'burguesa' le despierta el desprecio: *"No hay que olvidarse que ésta es la misma madre que suele llevar a la escuela un niño de tres años, haciendo cualquier fraude con la edad para que se lo acepten y la deje en paz. Dicen que la mujer primitiva se diferencia de la civilizada en que aquélla era dos tercios del hijo y uno del padre, y que ésta es dos tercios del padre y uno... de la ciudad que la viste y la calza bien en sus almacenes ilustres"*.[275]

Para Gabriela existe un compromiso maravilloso de no sólo concebir al hijo, sino también de cobijarlo.

Pero existen amenazas para ese ciclo 'sagrado', porque *"Nuestro mundo moderno sigue venerando dos cosas: el dinero y el poder[...]"*[276] escribe Gabriela en el libro "Magisterio y Niño".

El estilo de Amanda Labarca

A propósito del poder, es bueno hacer un paréntesis para describir una situación que marcó a Gabriela Mistral durante sus años de vida en Chile y que luego mencionaría como uno de los pretextos para no querer volver.

Durante los años en que Gabriela Mistral ejerció su docencia en Chile, tuvo muchos problemas con funcionarios del Ministerio de Educación, varios de la cúpula masónica y con quien —para ella— estaba detrás de todos estos roces: Amanda Labarca.

Amanda Labarca (1886-1975), profesora y escritora, realizó sus estudios de castellano en el Instituto Pedagógico de la Universidad de Chile. Al parecer los problemas entre Amanda Labarca y Gabriela Mistral se inician el año 1912 mientras Gabriela trabaja como profesora de Geografía y Castellano en el Liceo de Los Andes. Así se descubre en los epistolarios de Gabriela: *"Vino después una disputa entre los esposos G.M. y yo, porque querían alojarme cuando yo bajaba de*

[275]   Mistral, Gabriela, "Infancia rural" (23 de diciembre de 1928), en *ibid.*, p. 59.
[276]   Mistral, Gabriela, "El oficio lateral" (1949), en *ibid.*, p. 45.

Los Andes a Stgo. Yo prefería quedarme en una pensión modesta en calle Nataniel. Por ese tiempo la Magíster masona también, A.[manda] L.[abarca] H. [ubertsone] quiso tomarme bajo su protección. Nada le acepté y desde allí viene su odio eterno y nunca aplacado".[277]

Luego vendría lo que la misma Gabriela llamó la 'batalla' por el Liceo 6 de Santiago. En la disputa por el cargo, Gabriela como independiente, sufrió las intrigas y conspiraciones de la masonería (*"Conmigo nadie gana cosa alguna. Y en cambio gana mucho con el apoyo de la masonería-reparte-prebendas"* [278]).

Gabriela venía de trabajar como Directora del Liceo de Temuco para postular al mismo cargo en el Liceo 6. Pero al parecer ese puesto resultaba bastante apetecible porque de él provinieron varios roces, los que llevaron a la poetisa a aceptar de inmediato la invitación de José Vasconcelos, Ministro de Educación Pública, para participar en la Reforma Educacional de México.

La misma Gabriela narra el episodio: *"Cuando ocurrió 'la batalla' por el Liceo 6, cuando la Masonería salió de sus casillas y su Gran Maestro, mi amigo Guzmán Maturana, me llamó para decirme que me retirase de la lucha porque aquélla, la Masonería, de la cual era el Gran Maestre, había dado ese cargo a Josefina Day, casada —mal-casada— con masón, yo supe qué era ese gran Misterio operante y gobernante. Entonces, apareció en mi vida Torreblanca, masón y Sub-Sec. de Inst. Pública. Nunca entenderé la razón de su protectorado. Hizo mucho, parece; me informaba de la 'empresa', de la 'batalla' que contuvo cosas inefables, incluyendo amenazas de apedreo, y más, registros de mi archivo de cartas hechos por hombres que entraban cuando yo salía y hurgaban en mi Bibliot., mis archivadores, mi cuarto de dormir, etc"*[279].

Aun cuando Gabriela Mistral obtuvo la jefatura del Liceo Nº 6 las rencillas continuaron. Al parecer era ahora la misma Amanda Labarca quien solicitaba el puesto. Gabriela contó a Eduardo Barrios que se le propuso un traslado a Valparaíso para trabajar en el Liceo Nº 1 de esa ciudad. Gabriela rechazó el traslado colocando su cargo a disposición del Ministro de Instrucción Pública, de ese entonces, amigo oficial de Amanda Labarca.

[...] *"Yo vi clara una intriga detrás. Creo que existió y que fue de la Amanda.*

"Callé, pero vi claro que mi situación en Santiago era vidriosa.

*"Usted sabe cómo llegué al Liceo 6. Me prometí al entrar a la casa no durar sino el tiempo necesario para probar a mis enemigos que podía organizar un liceo, así como había reorganizado dos. Viví un año recibiendo

---

[277]   Mistral, Gabriela, Carta Nº 68 (Nápoles, 1952), en: Ed. Vargas Saavedra, Luis, *Vuestra Gabriela... op. cit.*, p. 177.

[278]   Mistral, Gabriela, Carta Nº 6 (La Habana, diciembre de 1938), en: Ed. Vargas Saavedra, Luis, *Vuestra Gabriela... op. cit.*, p. 48-49.

[279]   Mistral, Gabriela, Carta Nº 68 (Nápoles, 1952), en *ibid., p.* 175.

anónimos de insultos y oyendo de tarde en tarde voces escapadas de la campaña.

"Me traje en el corazón estas cosas. No sé olvidar y ahora viene a añadirse otra"[280].

La "otra" ocurre cuando ya está fuera de Chile. El Presidente de la República, Arturo Alessandri, durante una visita de José Vasconcelos a Chile confidenció que Gabriela Mistral no era la mejor representante de la enseñanza femenina del país pero sí lo era la señora Amanda Labarca, quien la aventajaba en títulos y reconocimiento oficial.

"[...] Alessandri declaró a Vasconcelos, cuando yo estaba en México, 'el error suyo de haberme llevado allá, en vez de la A.L.H.' Y en el banquete que le dio luego, se la presentó, insistiendo en lo mismo y sentándosela al lado. Al irse, Vasc. le dijo: 'De éstas, tenemos en Méx. muchas y de más, pero la que me llevé es diferente y rara'. Él me lo contaba riendo..."[281]

El comentario del Presidente hirió de por vida a nuestra escritora. Nunca lo olvidó. Incluso este sentimiento de pesar lo podemos recoger todavía en 1952 en carta a los Tomic Errázuriz: *"[...] Alessandri, hombre que también me detestó, gracias al trabajo de la incansable y tremenda A.L.H."[282]*

La fracción masona del Ministerio de Educación se convirtió para Gabriela Mistral en un círculo corrupto de poder y de mucho compadrazgo que enturbió las aguas de la educación.

Mala impresión se llevó del desempeñó administrativo del sistema educacional chileno. Una mala impresión y muy pocas ganas de volver: *"Y yo no iré a vivir entre la maffia pedagógico-masónica..."[283]*

El movimiento feminista liberal

Gabriela Mistral tiene una serie de artículos donde recoge su pensamiento sobre el movimiento femenino chileno que se inicia en la lucha por la reivindicación de los derechos de la mujer.

Cerca de cinco recados se refieren al tema, muchos de ellos los encontramos entre los años 1925 y 1928, la mayoría en *El Mercurio* de Santiago.

---

[280]   Mistral, Gabriela, Carta NºVI, a Eduardo Barrios (México, 31 de diciembre de 1992) [sic], en: Ed. Ganderats, Luis, *op. cit.,* vol. III, p. 94-95.

[281]   Mistral, Gabriela, Carta Nº 63 (Rapallo, 1951), en: Ed. Vargas Saavedra, Luis, *Vuestra Gabriela... op. cit.,* p. 162.

[282]   *Loc. cit.*

[283]   Mistral, Gabriela, Carta Nº7 (La Habana, 9 de noviembre de 1938 en: Ed. Vargas Saavedra, Luis, *Vuestra Gabriela... op. cit.,* p. 52.

Mostró en este tema, como en otros tan importantes durante su vida, una posición independiente, completamente fiel a sus pensamientos sin ninguna consideración a la voluntad bulliciosa de la mayoría. Especialmente cuando la efervescencia empezaba a pecar de intransigente.

Aunque Gabriela Mistral defendía el derecho a sufragio, encontró que el feminismo chileno carecía de organización y preocupación social.

Como primera crítica se queja de la carencia de juicio y falta de objetividad: "*[...] el género más común en el feminismo: el que se bate a pura sentimentalidad en una liza donde sobran las lágrimas. Es raro de disfrutar en la masa de las sufraguistas el caso de la conciencia lisa y llana*".[284]

Para Gabriela ciertas feministas son mujeres alborotadas, cegadas por abrirse paso en el mundo masculino a como dé lugar, sin un programa consciente, serio y acorde a las necesidades reales de la mujer.

Gabriela las mira con distancia: "*El feminismo llega a parecerme a veces, en Chile, una expresión más del sentimentalismo mujeril, quejumbroso, blanducho, perfectamente invertebrado, como una esponja que flota en un líquido inocuo. Tiene más emoción que ideas, más lirismo malo que conceptos sociales; lo atraviesan a veces relámpagos de sensatez, pero no está cuajado; se camina sobre él como sobre las tembladeras, en las cuales el suelo firme apenas se insinúa. Mucha legitimidad en los anhelos, pureza de intenciones, hasta un fervor místico, que impone el respeto; pero poca, ¡muy poca! cultura en materias sociales*".[285]

Continuará denunciando la excesiva emotividad que las nubla: "*En el campo sentimental no puede mantenerse; para el sentimiento está la vida individual, y las mujeres han decidido abandonar el pliegue tierno de la casa*".[286]

Este desborde 'emocional' con que enfrenta la mujer su entrada al mundo masculino le crea compasión, a final de cuentas, lo único que buscan es la equivalencia al rol masculino. Desean que la mujer realice todas las labores que ejecuta el hombre, a como dé lugar y como se den las circunstancias.

Para nuestra escritora, dentro del feminismo liberal "*Hay un lote de ultra amazonas y de walkirias, elevadas al cubo, que piden con un arrojo que a mí me da más piedad que irritación, servicio militar obligatorio, supresión de vestido femenino y hasta supresión de género en el lenguaje...*".[287] Cosa absurda porque "*No necesita, pues,*

---

[284]   Mistral, Gabriela, "Victoria Kent" (mayo, 1936), en: Ed. Scarpa, Roque, *Gabriela... op. cit.*, p. 76.

[285]   Mistral, Gabriela, "Organización de las mujeres" (*El Mercurio*, Santiago, 5 de julio de 1925), en: Ed. Quezada, Jaime, *op. cit.*, p. 66-67.

[286]   *Ibid.*, p. 73.

[287]   Mistral, Gabriela, "Una nueva organización del trabajo (I)" (*El Mercurio*, Santiago, 12 de junio de 1927), en: Ed. Quezada, Jaime, *op. cit.*, p. 254.

dar el salto hacia los oficios masculinos por la pura bizarría del salto, ni por el gusto insensato de la justa con el hombre".[288]

Para Gabriela Mistral, el hecho de trabajar nunca fue concebido como un 'logro', sino la cosa más natural del mundo: las mujeres de Chile siempre han trabajado. Le parece entonces una locura que estas feministas burguesas ahora se adjudiquen como propio el ingreso de las mujeres al mundo laboral: *"En Santiago, al margen de los meetings feministas, la mujer ha forzado ya todas las puertas de hierro forjado que eran las profesiones [...]".*[289]

Este juicio displicente a las conquistas feministas también se debe a que este movimiento ha marginado a la masa femenina obrera y campesina. Por ejemplo, uno de los nuevos organismos como el "Consejo Nacional de Mujeres" creado por Amanda Labarca e Isaura Dinator de Guzmán en 1918, no incluyó al sector más pobre y desprotegido de Chile.

En relación a él, Gabriela Mistral cuenta: *"Hace años se me invitó a pertenecer a él. Contesté, sin intención dañada: 'Con mucho gusto, cuando en el Consejo tomen parte las sociedades de obreras, y sea así, verdaderamente nacional, es decir, muestre en su relieve las tres clases sociales de Chile'"*[290], porque para ella *"La clase trabajadora no puede alcanzar menos de la mitad de representantes en una asamblea cualquiera; cubre la mitad de nuestro territorio, forma nuestras entrañas y nuestros huesos. Las otras clases son una especie de piel dorada que la cubre".*[291]

Una organización que cojea de esta forma no puede preciarse de ser una voz para las chilenas. Se trata de un movimiento emancipador burgués, que no considera el universo total del mujerío. Es un resultado que se comprende además en el contexto social que cita Gabriela: *"Purgamos la culpa de no habernos mirado jamás a la cara, las mujeres de las tres clases sociales de este país."*[292] Existe en la burguesía una ausencia social en las urgencias económicas de las clases populares.

Este feminismo es entonces un alborotado movimiento de la clase pudiente chilena que Gabriela trata, a través de su palabra crítica y denunciante, de colaborar en su mejoría.

Por un lado acusa: *"Hasta hoy el feminismo de Chile es una especie de tertulia, más o menos animada, que se desarrolla en varios barrios de la capital. Es débil por*

---

[288] Mistral, Gabriela, "Una nueva organización del trabajo (II)" (*El Mercurio*, Santiago, 19 de junio de 1927), en *ibid.*, p. 257.

[289] Mistral, Gabriela, "Sobre la mujer chilena" (Revista *Política y Espíritu*, N° 11, Santiago, mayo de 1946), en *ibid.*, p. 62.

[290] Mistral, Gabriela, "Organización de las mujeres" (1925), en *ibid.*, p. 67.

[291] *Loc. cit.*

[292] *Ibid.*, p. 68.

desmigajamiento, y aunque ya cuenta algunos éxitos, no puede ser equiparado todavía con los movimientos respetables de opinión que se desarrollan en el Uruguay (para nombrar un país hispanoamericano)".[293]

Pero a la vez, incentiva: "Elija, pues, un puñado de mujeres llenas de voluntad cívica, y vaya haciendo con ellas la unificación del feminismo, que mientras éste sea como la hierba rala del campo, se secará sin haber sustentado. La ayudaremos hasta las que no hemos adoptado oficialmente el feminismo por pecado tomasino: todavía no da prueba en grande... La ayudaremos sin embargo".[294]

Gabriela es entonces una feminista con reservas, dispuesta a colaborar en tanto se geste un verdadero movimiento feminista chileno, que no sólo consiga darle el voto a la mujer junto a otras reivindicaciones, sino también que ampare a toda la población femenina con un responsable y maduro actuar, y que finalmente —como ya se nos hace común en el pensamiento de Gabriela Mistral—, no abandone la vigilia infantil:

"Una ingeniosa señora española me decía una vez, hablando sobre feminismo: Este abandono parcial o absoluto de los hijos y los enfermos, al hacer el trueque grotesco de la faena femenina, pediría la creación de un tercer sexo, que recogiese lo que el segundo empieza a rechazar. Faltaría el ángel —añadí yo— que recibiera el despojo precioso de los niños. Como el ángel sigue arriba, no queda sino hacer un pacto con los rebeldes, creándoles un lucro dentro de su reinado legítimo y dándoles, a la vez que salario, ocasión de piedad".[295]

Las reivindicaciones de la mujer

El pensamiento de Gabriela Mistral no deja de ser adelantado aun para nuestra época. Por ejemplo, esas alborotadas discusiones sobre la jerarquía de uno u otro sexo son conversaciones que no merecen consideración para ella: "[...] este tiempo que vivimos es del hombre y de la mujer con los dos hemisferios, el emocional y el activo."[296]

Gabriela configura el pensamiento de su mujerío sin ninguna dificultad, porque ya existía, ya tenía vida. Desde siempre ha existido el mundo femenino, concebido en base a cualidades propias y lejos de la hegemonía masculina. No es necesario por lo tanto, buscar la equidad, sino que buscar la 'reivindicación'

---

[293] Ibid., p. 72.
[294] Ibid., p. 74.
[295] Mistral, Gabriela, "Una nueva organización del trabajo (II)" (1927 en: Ed. Quezada, Jaime, op. cit., p. 258-259.
[296] Mistral, Gabriela, "Organización de las mujeres" (1925), en ibid., p. 73.

de nuestros espacios. Muchas veces Gabriela no solicitó estas demandas al hombre, sino también a la mujer; para ella, además de leyes y preceptos, importan las costumbres y creencias: si las mujeres no se consideran a sí mismas, difícil será incluir al resto en esta lucha.

Más que buscar nuevos espacios para la mujer, Gabriela busca la legitimización de esos espacios, lo que por supuesto, no dista ni un trecho de su preocupación principal: los hijos. Por eso Gabriela no discrimina entre los derechos de las mujeres y de los niños. Muchas veces éstos convergen para lograr un mismo objetivo.

De hecho los derechos de las madres son más bien derechos para el niño. Así lo hizo saber a las mujeres mexicanas: *"Madre mexicana: reclama para tu hijo vigorosamente lo que la existencia debe a los seres que nacen sin que pidieran nacer. Por él tienes derecho a pedir más alto que todas, y no debes dejar que tu reclamo suba de otras bocas. Pide para él la escuela soleada y limpia; pide los alegres parques; pide las grandes fuentes artificiales y las fiestas de las imágenes, en el libro y en el cinema educador; exige colaborar en ciertas leyes [...]".[297]*

Se vuelve entonces a cerrar el círculo mujeril con el niño dentro. Es un destino no susceptible de modificar. Pero no sólo es la mujer quien debe proteger al niño: es en relación al niño por quien se debe proteger a la mujer. Que nadie destruya este complemento.

"4—'Derecho del niño a la educación maternal', a la madre presente, que no debe serle arrebatada por la fábrica o por la prostitución a causa de la miseria. Derecho a la madre a lo largo de la infancia, a su ojo vigilante, que la piedad vuelve sobrenatural, a su ímpetu de sacrificio que no ha sido equiparado ni por el celo de la mejor maestra. Cuando menos, si la madre debe trabajar, derecho a que el niño la tenga a su alcance por medio del trabajo en el hogar.

"Creación por el Estado de las cooperativas que permiten adquirir la pequeña máquina manual y doméstica posible, dentro de muchas industrias. Formación por las llamadas clases dirigentes, de fuertes instituciones o ligas de mujeres que impongan al comercio la manufactura doméstica.

"Y si ni aun esto fuera viable en nuestros países mal organizados que no quieren crear tradiciones nuevas por respeto a tradiciones perversas, derecho a que la madre trabaje fuera del hogar en faenas suaves que no hagan de ella antes de los treinta años la bestia cansada y triste cuyo tercer hijo ya no recibe una leche vigorosa".[298]

---

[297]   Mistral, Gabriela, "A la mujer mexicana" (México, enero de 1923), en: Ed. Calderón, Alfonso, *op. cit.*, p. 24.

[298]   Mistral, Gabriela, "Los derechos del niño" (París, diciembre de 1927), en: Ed. Scarpa, Roque, *Magisterio... op. cit.*, p. 64.

Con lenguaje preciso se conjuga el canto del poeta con el clamor político-social: *"Que la mujer sea la que pide por las calles, el 'techo', sin el cual aquello del 'hogar' es sólo un mote de oratoria de mentirijillas"*.[299]

Defensa del niño ilegítimo

El hogar, el niño y la madre, son los protagonistas reiterados en el pensamiento mistraliano en nuestro tópico de la mujer.

Estos elementos se repiten a medida que se asimilan sus experiencias infantiles con la vida adulta. Ella creció con la idea del abandono masculino y se enfrentará también con la realidad de la madre soltera.

Su madre, Petronila Alcayaga, conoció a Gerónimo Godoy —padre de Gabriela— ya con una hija, y se presentaba como una viuda, una viuda que no era en verdad. Como escribe Teitelboim: *"Viuda no era, porque no se había casado antes. Joven sí, aunque no exageradamente. Tiene una hija natural de 11 años llamada Emelina"*.[300]

También se irá dando cuenta que esta 'vergonzosa' situación era una realidad cotidiana en el Valle de Elqui y en las ciudades de América. En Santiago por ejemplo *"[…] hacia 1900, y sobre todo en los distritos pobres, casi los dos tercios de los nacidos constituían casos de niños 'huachos'"*.[301] Paradójicamente, era también una de las peores afrentas que podía sufrir una mujer ya que recibía a cambio el rechazo social y jurídico: su hijo siempre sería un 'huacho', alguien marcado por el deshonor.

Gabriela una vez más alza su voz en defensa de los desprotegidos, ahora por el niño ilegítimo: *"[…] haz que limpien de vergüenza al hijo ilegítimo y no le hagan vivir paria en medio de los otros hijos felices […]"*.[302]

En relación a esta posición de Gabriela Mistral sólo es necesario referirse a su artículo nº6 de los Derechos del Niño:

"Derecho del niño sudamericano a nacer bajo las legislaciones decorosas, que no hagan pesar sobre él durante toda su vida la culpa de sus padres, sino bajo códigos o profundamente cristianos o sencillamente sensatos, como los de Suecia, Noruega y Dinamarca, en que el Estado acepta al hijo de la madre desgraciada como un miembro

---

[299] Mistral, Gabriela, "Una carta inédita de la escritora: Gabriela Mistral da consejos para luchar por la vivienda", en *El Siglo*, Santiago, Chile, 27 de enero, 1957, p. 2.

[300] Teitelboim, Volodia, *Gabriela Mistral: Pública y secreta. Truenos y silencios en la vida del primer Nobel Latinoamericano,* Santiago, Chile, Editorial Sudamericana, 1996, p. 18.

[301] Salazar, Gabriel, "Ser 'huacho' en Chile (Siglo XIX)", en: *Proposiciones,* Nº 19, Santiago, 1990, p. 78.

[302] Mistral, Gabriela, "A la mujer mexicana" (1923), en: Ed. Calderón, Alfonso, *op. cit.,* p. 24-25.

más del cual espera, al igual que de los otros, cooperación y enriquecimiento. Así recibió Chile ni más ni menos que el don de su independencia de don Bernardo O'Higgins".[303]

Crítica a la escuela normalista

Dentro del objetivo de reivindicar a la madre en favor del niño, mucho tiene que ver el papel educativo de esta. La pedagogía de la mujer-madre dista mucho del papel encarnado por los profesores y su escuela llamada Normalista.

La madre enseña con libertad, con 'carisma'. Ella habla de sensaciones, creando un paralelo con la realidad. Ella no construye abstracciones en el vacío. Gran contradicción con el papel pedagógico del profesor normalista. A partir de la comparación dice a la madre: *"Tú ponías la enseñanza sobre esa como cera dorada del cariño; no hablabas por obligación, y así no te apresurabas, sino por necesidad de derramarte hacia tu hijita, y nunca le pediste que estuviese quieta y tiesa como una banca dura, escuchándote. Mientras te oía, jugaba con la vuelta de tu blusa o con el botón de concha de perla de tu manga. Y este es el único aprender deleitoso que yo he conocido, madre".*[304]

A nuestro parecer aquí se lanza una gran artillería en contra de la imagen casi beata de Gabriela como docente, y de la cual se hace hincapié en las aulas.

Uno de los reservados valores de Gabriela Mistral como pensadora-educadora se revela en la recopilación "Magisterio y Niño". Su metodología para enseñar se separa a distancia de años luz de las grandes cátedras a las que nos ha tenido acostumbrados la gran escuela normalista. La imagen de Gabriela que desde niños se nos ha revelado como un monumento a la rígida educación, se nos acerca hoy a pasos livianos, criticando lo obtuso del sistema:

"[…] la escuela, la de hoy, entrega almas sin frescura, agobiadas por un cansancio inútil.

"Quiere anticipar en el niño el interés intelectual, dándole ideas, antes que sensaciones y sentimientos. Le hace, en la gramática, el hastío de la lengua; en la geografía, le diseca la Tierra; en las ciencias naturales, clasifica antes de entregar la alegría de lo vivo; en historia, en vez de cultivar la crítica, forma los dogmas históricos, los muy burdos dogmas históricos".[305]

---

[303] Mistral, Gabriela, "Los derechos del niño"(1927), en: Ed. Scarpa, Roque, *Magisterio... op. cit.,* p. 65.

[304] Cfr. Santelices, Isauro, *op. cit.,* p. 52.

[305] Mistral, Gabriela, "Divulgación de principos de las escuelas nuevas" (La Serena, junio de 1925), en: Ed. Scarpa, Roque, *Magisterio... op. cit.,* p. 172.

No sirven esos extensos discursos jerárquicos donde un profesor entrega conocimientos en abstracto al educando, porque *"Si las Normales atribuyesen al genio oral los subidos quilates que él tiene en el ejercicio escolar; si entendiesen que manejar niños es ganarlos, adueñándose de ellos por la hebra solar del habla donosa, la resistencia suya en la batalla escolar se fundiría y el clima de la sala de clase, que es de fastidio o de tensión, mudaría por completo como por ensalmo."*[306]

Esta es la crítica de nuestra escritora, quien de niña se vio imposibilitada de seguir los cursos reglamentarios en la escuela Normal de La Serena por la discriminación que sufrió debido a sus primeros escritos en diarios de la época:

"Mis estudios en la Normal de La Serena me los desbarató una intriga silenciosa con la que se buscó eliminarme por habérseme visto leyendo y haciendo leer algunas obras científicas que me facilitaba un estudioso de mi pueblo: Don Bernardo Ossandón, ex director del Instituto Comercial de Coquimbo. Ya escribía yo algo en el diario radical El Coquimbano y solía descubrir con excesiva sinceridad mis ideas no antirreligiosas, sino religiosas en otro sentido que el corriente. Achaqué lo que me ocurría a muchas cosas, menos a la verdadera. Hace muy poco la ex directora de la escuela, hoy mi amiga, me contaba que el profesor de religión del establecimiento fue quien pidió que se me eliminara como peligrosa. No salí expulsada; se me permitió rendir mis exámenes hasta finalizar mis estudios".[307]

Así se convirtió en una buena autodidacta y en una permanente vigía de los métodos educacionales establecidos, que pocos recuerdos satisfactorios traen a mente a los chilenos.

"No creo en los métodos escolares de Chile respecto de la formación de la mente en el estudiante. Ellos son enteramente superficiales; las materias que dan —y en abundancia— 'corren como el agua por los tejados'. Toda formación verdadera que he conocido en las gentes era en el fondo un autodidactismo".[308]

Reformas que ayudan a la mujer

Igualdad de salarios

Gabriela Mistral, a fuerza de ver la situación de la mujer trabajadora no se extralimitó al pedir en voz alta la igualdad de salarios. No fue un pedido

---

[306]   Mistral, Gabriela, "Recado sobre una maestra argentina" (Petrópolis, marzo de 1944), en *ibid.*, p. 130.
[307]   Cfr. Teitelboim, Volodia, *op. cit.*, p. 47.
[308]   Mistral, Gabriela, Carta N° 72 (30 de junio de 1952), en: Ed. Vargas Saavedra, Luis, *Vuestra Gabriela... op. cit.*, p. 184.

gratuito, ni mucho menos una candorosa solicitud. Fue el resultado de encontrarse con tanta mujer que laborando en las mismas condiciones que los hombres, ganaban un sueldo dos o más veces inferior.

Para Gabriela, como ya hemos dicho, no es una novedad de inicios de siglo la incorporación de la mujer en la vida del trabajo, como sí lo era para las feministas burguesas. Pide que no hagan oídos sordos a la injusticia salarial: *"La reforma que el feminismo debe clamar como la primera, es la igualdad de los salarios, desde la urbe hasta el último escondrijo cordillerano".*[309]

Las feministas que estaban más preocupadas de conseguir nuevos logros como el voto y el ingreso a las organizaciones masculinas, no habían considerado a la capa pobre del mujerío y dentro de ella, a la mujer que trabaja, su situación salarial y sus oficios, muchos de ellos sacrificados y denigrantes. A las feministas les importaba 'conseguir' y no buscar soluciones a los problemas ya existentes de la mujer. Le imprimieron un carácter de 'elite' a la lucha feminista.

"Sin más razón que el ser mujer y no llevar encima el gallardete del voto, ni allegarse a la urna sacra, la trabajadora del campo, en varios países tropicales, gana la mitad, en otro los dos tercios de la paga varonil. No es que, por la famosa flaqueza del cuerpo mujeril, ella haga menos de las diez horas usuales; tampoco es que la muy leal sepa poco de las siembras, riegos y siegas a mano o que recolecte menos fruta que su marido o su hijo mayor; en el cargar de bultos a su espalda, como el mulo o el asno, hasta en eso, la buena soportadora, iguala en varias partes a los varones: ella acarrea la leña a la hacienda o transporta la alfarería a los mercados con una fortaleza que asombra. Menos aún se trata de que, en la vida durísima de pradera, de sabana, de bosque o de risqueras cordilleranas, este ser haga la regalona, la consentida, o la mañosa, o la 'niña de manos rotas' [...] se trata de un trabajo castigado con el corte de una rebaja absurda por una especie de tabú sexual: la mujer, a causa de su inferioridad de músculo y hueso, 'tiene que hacer menos', según el decir que corre del Caribe a la Patagonia, y debe ganar a medias o a tercias."[310]

Esta situación que va en perjuicio de la mujer va también en desmedro del hijo, porque muchas veces esta madre es la jefe de hogar explícita o implícitamente. Es lo que más le preocupa a Gabriela: que los niños humildes sean al final de cuentas los más perjudicados, ya que dependen del sueldo menguado de la madre.

Es importante regular la igualdad de salarios porque siempre *"El degollado salario mujeril corresponde a una fémina india o negra que tiene virtudes*

---

[309]   Mistral, Gabriela, "Recado para un Congreso de Mujeres en Guatemala" (1948), en: Ed. Ganderats, Luis, *op. cit.*, vol. II, p. 268.
[310]   Ibid., p. 266.

mayúsculas y defectos menores: ella rara vez bebe y no es la cliente de aquellos bares donde hieden pulques y aguardientes de patata y madera. Los dineros suyos así sangrados representan, en el bohío y la pocilga, la sopa sin color ni sabor[…]".[311]

Gabriela Mistral habla porque conoce. Todo lo que haga referencia a la mujer ya lo sabe. Su convicción proviene de su vivencia: fue una escritora que no se alejó nunca de sus orígenes y de todo lo que palpó en su tierra del Valle de Elqui y así lo hará saber durante su vida a todas las personas que tengan las facultades políticas para enmendar las desgracias.

Por eso le molestará que estos políticos se muestren ciegos ante una verdad que brota de todas los rincones de Chile: *"[…] lo que no se entiende es que el legislador no sepa todavía que esa obrera suele trabajar para tres creaturas y que éstas suelen ser un marido ebrio o gandul y dos críos suyos […]".*[312]

Legislación que divida el trabajo por sexos

Sus palabras fuertes continúan hablando de las materias laborales que atañen a la mujer. Gabriela mostrará —o más bien, demostrará— a través de dos recados la viabilidad de la integración de las mujeres burguesas al mundo del trabajo. Está bien que comiencen a trabajar, pero sería óptimo si hicieran una discriminación de los trabajos a los que están ingresando.

Lo anterior es la tesis básica de sus dos recados: "Una Nueva Organización del Trabajo I" y "Una Nueva Organización del Trabajo II", ambos publicados en el diario El Mercurio de Santiago; el primero apareció el 12 de junio de 1927 y el segundo siete días después, en respuesta a la polémica suscitada por el anterior.

Gabriela en uno de estos textos vuelve a repetir: *"Yo no creo hasta hoy en la igualdad mental de los sexos[…]"*[313] y según este emblema construye su teoría —esta vez— de cómo han de ser las profesiones.

Si no existe una igualdad ni física ni mental, es una locura esperar que ambos trabajen bajo las mismas condiciones. *"Y hay unas derechas femeninas que siguen creyendo que la nueva legislación debe estar presidida por el imperativo que da la fisiología y que puede traducirse más o menos así: la mujer será igual al hombre cuando no tenga seno para amamantar y no se haga en su*

---

[311]   Mistral, Gabriela, "Recado para un Congreso de Mujeres en Guatemala" (1948), en: Ed. Ganderats, Luis, *op. cit.*, vol. II, p. 267.

[312]   Mistral, Gabriela, "Sobre la mujer chilena" (1946), en: Ed. Quezada, Jaime, *op. cit.*, p. 63.

[313]   Mistral, Gabriela, "Una nueva organización del trabajo (I)" (1927), en: Ed. Quezada, Jaime, *op. cit.*, p. 255.

cuerpo la captación de la vida, es decir, algún día, en otro planeta, de esos que exploran los teósofos en su astral..."[314]

En "Una nueva organización del trabajo (I)" expone el error que están cometiendo las 'nuevas' mujeres. Quizás sea producto de la inmadurez: *"[...] ella ha querido ser incorporada, no importa a qué, ser tomada en cuenta en toda oficina de trabajo donde el dueño era el hombre y que, por ser dominio inédito para ella, le parecía un palacio de cuento".*[315] Porque *"[...] antes de celebrar la apertura de las puertas, era preciso haber examinado qué puertas se abrían, y antes de poner el pie en el universo nuevo de las actividades mujeriles había que haber mirado hacia el que se abandonaba".*[316]

Ese 'universo' que es abandonado por la mujer-madre es su hogar, entendido no como el lugar físico sino como el amparo de los niños, y que sólo ella puede realizar.

Gabriela Mistral piensa que la mujer es un ser destinado a velar por la infancia, porque sus diferencias con el hombre son justamente los elementos potenciales para el cuidado de los niños. Su emocionalidad, su dedicación, su 'humanidad' y ternura son cualidades inherentes al ser materno que no se deben desnaturalizar. Bajo este postulado, Gabriela elaboró la clasificación que divide el trabajo según el sexo. No está de más decir que esta diferenciación ganó el rechazo del feminismo burgués militante.

Aquí va íntegra su proposición:

Grupo A: profesiones u oficios reservados absolutamente para hombres, por la mayor fuerza material que exigen o por la creación superior que piden y que la mujer no alcanza.

Grupo B: profesiones u oficios enteramente reservados a la mujer por su facilidad física o por su relación directa con el niño.

Grupo C: profesiones u oficios que puedan ser servidos indiferentemente por hombres o mujeres.

La primera rama sostiene frutos de contraste: el oficio brutal, a la vez que una especie de faena que podría llamarse de dirección del mundo. Aquí quedarían desde el obrero del carbón hasta el Aristóteles, consejero filosófico y político de los pueblos.

La segunda estaría encaminada a barrer al hombre de las actividades fáciles en las cuales se afemina, pierde su dignidad de varón y aparece como un verdadero intruso.

---

[314]   *Ibid.*, p. 254-255.
[315]   *Ibid.*, p. 253.
[316]   *Loc. cit.*

La última rama englobaría varias actividades que es imposible definir como masculinas o femeninas, porque demandan una energía mediana; éstas no entrañan para la mujer el peligro de agotarse ni para el hombre el de vivir de un oficio grotesco."[317]

El segundo recado la llevó a ahondar en su tesis. No se podía dejar el anterior texto crecer por sí solo, pues había sido un balde de agua fría para las feministas chilenas.

Para asimilar a Gabriela Mistral en su propia concepción feminista o en su apreciación del mundo mujeril es necesario entender que lleva su postura al extremo bajo su concepción del rol de la mujer en relación al niño, haciéndose extensivo a todo aquello que se asemeje a este carácter, o sea a todo lo que se aprecie necesitado de amparo. En este contexto hay que entender su pensamiento algo 'obtuso' de lo que tenía que ser el desempeño laboral de la mujer, algo que en nuestros días podría parecernos un absurdo en tanto su hermetismo es tajante.

"La mujer no tiene colocación natural —y cuando digo natural, digo estética—, sino cerca del niño o la criatura sufriente, que también es infancia, por desvalimiento. Sus profesiones naturales son las de maestra, médico o enfermera, directora de beneficencia, defensora de menores, creadora en la literatura de la fábula infantil, artesana de juguetes, etc."[318]

El criterio de Gabriela tiene su explicación en el sentido de reivindicar a la mujer, con sus espacios y cualidades únicas y en paralelo al funcionar del hombre. Lo que hace la escritora, es trasladar esta convicción al papel moderno que la mujer está adquiriendo.

"Existe alguna cosa sobrenatural en la faena que se hace por nosotras dentro del círculo blanco del niño. Lo digo yo con la experiencia viva en mis sesos y en mis manos. Cuando he escrito una ronda infantil, mi día ha sido verdaderamente bañado de gracia, mi respiración como la más rítmica y mi cara ha recuperado la risa perdida en trabajos desgraciados. Tal vez el esfuerzo fuese el mismo que se puso en escribir una composición de otro tema, pero algo que insisto en llamar sobrenatural, lavaba mis sentidos y refrescaba mi carne vieja."[319]

---

[317] Mistral, Gabriela, "Una nueva organización del trabajo (I)" (1927 en: Ed. Quezada, Jaime, *op. cit.*, p. 255.

[318] Ibíd., p. 257.

[319] *Ibid.*, p. 259.

Voto femenino en Chile

Tras una historia de doce años (en 1937 fue presentada la primera moción en la Cámara de Diputados) fue finalmente otorgado a la mujer el derecho político a voto el 8 de enero de 1949, bajo el rótulo de Ley Nº 9292. Un trecho demasiado largo si se toma en cuenta que el recado de Gabriela Mistral a favor del voto femenino fue publicado en 1928.

No se conjugó bien el pensamiento aventajado de la escritora con la tardanza de los procesos legislativos. Ella no sólo escribió sobre el voto femenino, se preocupó de hacerlo presente en el accionar político

"Ahora digamos algo del otro asunto que me falta en su hermoso libro. El tema del sufragio femenino, amigo Eduardo Frei, eso me falta. [...] Eduardo Frei, Ud. también nos olvidó, y este desliz en una mente tan escrupulosa como la suya, le declara a su amiga mejor que cualquier otro dato, la inefable despreocupación de nosotras que hay en las cabezas capitanas no sólo de Chile... sino del planeta. ¡Merecen Uds. un premio de olvido, una cruz de hierro aplicada a la más estupenda distracción! El pecado no debe avergonzarle por ser allí universal y por ser, probablemente, un atributo viril, según se ha visto en ingleses, franceses, españoles, etc. (habría que añadir todos los nombres gentilicios...)." [320]

Para Gabriela Mistral el derecho a ejercer el voto era algo tan justo y normal que no merecía ser privado a la mujer. Por eso nunca se perdió en discusiones de este tipo, a menos que se tratara de reflexionar sobre el buen uso del voto.

Esas tediosas discusiones de género en torno al sufragio femenino no la incentivaron más que a decir un par de frases, algo como que *"El derecho femenino a voto me ha parecido siempre cosa naturalísima [...]"* [321], o a reforzar su tesis con los postulados de la revolución francesa: *"[...]desde que la revolución que llaman grande, clavó con picota rotunda el principio de representación popular, quedó por entendido que el voto correspondía... al género humano."* [322]

Lo que sí la comprometía a exponer con energía su pensamiento era la responsabilidad del voto, cualidad que aunque tampoco se la atribuía al hombre, sabía que la mujer estaba muy mal capacitada para ejercerlo con madurez.

---

[320] Mistral, Gabriela, "Recado para Eduardo Frei" (Prólogo a Política y Espíritu, Río de Janeiro, agosto de 1940), en: Ed. Ganderats, Luis, *op. cit.*, vol.II, p. 58-59.
[321] Mistral, Gabriela, "El voto femenino" (París, mayo de 1928), Ed. Quezada, Jaime, *op. cit.*, p. 265.
[322] *Ibid.*, p. 261.

En este sentido, compartió notablemente la posición de Victoria Kent, gran política española. Esta mujer se rehusó a otorgar a la mujer el voto, hasta que tuviera la suficiente instrucción en el tema. Con lo que se ganó el rechazo de las feministas, experiencia que Gabriela ya había sufrido en carne propia. Por su parte, Gabriela Mistral la apoyó y la defendió.

"Ella no negaba, ni siquiera discutía, el derecho a voto de las mujeres. Pensamiento tan escrupuloso como el suyo no puede nutrir el concepto de un electorado eterno de hombres. Una mujer que ha hecho la jornada dantesca por los infiernos de este mundo, que se llaman niñez proletaria abandonada y niñez rural, y que se llaman, además, problemas judiciales y trabajo femenino pagados con salario de hambre, tiene que pensar en la creación de otra sensibilidad en el Estado entero, menester que cumplirá la única que trae unas manos puras y una conciencia no relajada de legislaturas.

De puro fiel a sí misma y a la mujer en general, ella tenía en este trance 'ojos para ver y oídos para oír'. Se conocía la ignorancia de la masa femenina votante y pedía a las Cortes una pausa larga para la preparación del electorado mujeril. Victoria Kent resistió la embriaguez de vino generoso o de café negro que es la demagogia sufraguista sajona o latina; sabe que no se trata solamente de que las mujeres votemos, sino de que no lleguemos hasta este campo tremendo del sufragio universal a duplicar el horror del voto masculino analfabeto...

Arribar con mejores prendas cívicas y, a ser posible, llevando una fórmula correctora del sufragio en general, era su intención sagaz. La mera obtención del voto y la satisfacción de la vanidad del sexo deben parecerle unas niñerías bastante atolondradas."[323]

Creemos sin embargo, que el paradigma del voto femenino se mezclaba en la mente de Gabriela Mistral con su reiterado escepticismo político.

El sistema legislativo del primer gobierno de Ibáñez (1927 a 1931) no le merecía mucha confianza. Hubiera preferido un Parlamento a base de gremios y no de personas ajenas a los trabajos que se realizaban a diario en el país. Postura que, por supuesto, se extendía al rol que la mujer debería cumplir en el sistema legislativo.

"Yo no creo en el Parlamento de las mujeres, porque tampoco creo en el de los hombres. Cuando en ese Chile nuevo que me encontré a mi regreso y en que tuve el gusto de no creer, se hablaba de la nueva Constitución, yo acogí con mucha simpatía aunque poco o nada entiendo de ello, la proposición que hicieron dos maestros convencionales de un Parlamento a base de gremios".[324]

---

[323]   Mistral, Gabriela, "Victoria Kent" (mayo de 1936), en: Ed. Scarpa, Roque, *Gabriela... op. cit.*, p. 81.

[324]   Mistral, Gabriela, "El voto femenino" (1928), en: Ed. Quezada, Jaime, *op. cit.*, p. 265.

Y yendo aún más lejos: *"Yo oiría con gusto a una delegada de las costureras, de las maestras primarias, de cada una de las obreras de calzado o de tejidos, hablar de lo suyo en legítimo, presentando en carne viva lo que es su oficio. Pero me guardaría bien de dar mi tiempo a la líder sin oficio, que representa al vacío como el diputado actual, y en cuya fraseología vaga, no se caza presa alguna de concepto ni interés definido.*

La corporación confusa de hoy en que nadie representa a nadie no me interesa aun cuando contenga la mitad de mujeres. Dudo de que resulte una novedad medular ni una renovación de las entrañas nacionales bajo este régimen, en que el agricultor habla de escuelas y en que el abogado se siente con ínfulas para juzgar el universo..."[325]

"Valerse por sí sola"[326]: una mujer instruida

Gabriela Mistral fue autodidacta. Así aprendió a ser docente y a ser una de las grandes intelectuales de América. De niña mostró devoción por los libros, cualidad que históricamente comparten todos los escritores, hayan o no recibido una educación institucionalizada.

Dicen algunos que es una buena fórmula para escapar de la realidad. Gabriela no sólo escapaba; la lectura fue también su manera de acercarse al mundo, ese mundo que bullía fuera de las montañas de Elqui.

"Lee y lee, ¿así llena la soledad? Toma los libros por verdades. Crece sumida en el ensueño de los personajes ficticios y las tensiones de la pobreza. Para una niña lectora en un pueblito perdido entre cerros, sin fortuna, sin padre en quien apoyarse, para la cual la vida no ofrece ningún mañana claro, tal vez exista una sola posibilidad que la libre del pesar que aplasta su ansia no sólo de estar sino de ser. Quizás deba buscar una salida por la única puerta que sabe abrir: la escritura."[327]

Sin embargo, Gabriela no es de esos escritores sumergidos en su propia existencia. Gabriela Mistral se abre a América, a los niños, a las mujeres, a mejores posibilidades...

Su formación autodidacta le permitió mirar de lejos los estamentos educacionales.

Resultó ser que la mujer no recibía educación o, en el mejor de los casos, recibía una educación inapropiada. Con conocimiento de causa entonces, escribió a los 16 años "La Instrucción de la Mujer."[328]

---

[325] *Ibid.*, 265-266.

[326] Mistral, Gabriela, "La instrucción de la mujer" (1906), en Literatura y Libros, año I, Nº51, *La Época*, 2 de abril de 1989, p. 2.

[327] Teitelboim, Volodia, *op. cit.*, p. 25.

[328] Mistral, Gabriela, "La instrucción de la mujer" (1906), en: *La Época*, *op. cit.*, 1989, p. 2.

Desde el origen hasta principios de siglo, la historia de Chile no consideraba la necesidad de educar a la mujer ("*[...] las mujeres recibían una precaria educación circunscrita a los menesteres domésticos*"[329]).

La fémina, en el ideal de la cultura dominante, no era más que una bella silueta aquirida en la subasta del matrimonio. Especialmente en los compromisos convenidos de la clase pudiente, a través de los cuales la mujer accedía al amparo vitalicio.

"*Es preciso que la mujer deje de ser la mendiga de protección; y pueda vivir sin que tenga que sacrificar su felicidad con uno de los repugnantes matrimonios modernos; o su virtud con la venta indigna de su honra*".[330]

Según la proyección de Gabriela Mistral, la solución radicaba en educar a la mujer. Instruirla para dignificarla, para solventarse, para ser libre. "*Porque la mujer instruida deja de ser esa fanática ridícula que no atrae a ella sino la burla; porque deja de ser esa esposa monótona que para mantener el amor conyugal no cuenta más que con su belleza física y acaba por llenar de fastidio esa vida en que la contemplacion acaba. Porque la mujer instruida deja de ser ese ser desvalido que, débil para luchar con la Miseria, acaba por venderse miserablemente si sus fuerzas físicas no le permiten ese trabajo.*

"*Instruir a la mujer es hacerla digna y levantarla*".[331]

Gabriela Mistral de niña tuvo la responsabilidad de proveer a su familia a través de su profesión, y quiso que muchas otras mujeres también así lo hicieran.

El estudio de variadas disciplinas le abriría los ojos a los horizontes de la independencia.

"Que la ilustración le haga conocer la vileza de la mujer vendida, la mujer depravada. Y le fortalezca para las luchas de la vida.

"*Que pueda llegar a valerse por sí sola y deje de ser aquella creatura que agoniza y miseria si el padre, el esposo o el hijo no le amparan*".[332]

En este texto no sólo critica la forma del matrimonio de principios de siglo. También critica a quienes quieren circunscribir el rol femenino: "*Se ha dicho que la mujer no necesita sino de una mediana instrucción; y es que aun hay quienes ven en ella al ser capaz solo de gobernar el hogar.*"[333]

Con el tiempo Gabriela Mistral preferirá a la mujer en el hogar, pero

---

[329]   Céspedes, Mario y Garreand, Lelia, *Gran Diccionario de Chile. Biográfico-Cultural*, Santiago, Chile, Editorial Alfa, 2° Edición, 1998, p. 438.

[330]   Mistral, Gabriela, "La instrucción de la mujer" (1906), en: *La Época, op. cit.*, p. 2.

[331]   *Loc. cit.*

[332]   *Loc. cit.*

[333]   *Loc. cit.*

resolviendo su quehacer de una manera más efectiva gracias a una educación y a un reconocimiento reivindicativo de su labor.

Sin embargo, en lo que respecta a la ilustración de la mujer fue categórica, sin otorgar derecho a vacilación, de ella o de quienes podrían hacerlo realidad: *"Honor a los representantes del pueblo que en sus programas de trabajo por él incluya la instrucción de la mujer; a ellos que se proponen luchar por su engrandecimiento, ¡éxito y victoria!".*[334]

Parece socialmente adecuado que la mujer se pierda en los asuntos 'mundanos' en vez de provocar en ella un interés cultural. Sin embargo, esta realidad inmediata da paso, posteriormente a la transformación de la mujer en un ser insípido y rápidamente sustituible.

Para modificarlo Gabriela quiere *"Que la gloria resplandezca en su frente y vibre su nombre en el mundo intelectual.*

"Y no sea al lado del hombre ilustrado ese ser ignorante a quien fastidian las crónicas científicas y no comprenden el encanto y la alteza que tiene esa diosa para las almas grandes."[335] Porque *"La instrucción hace nobles los espíritus bajos y les inculca sentimientos grandes.*

"Hágasele amar la ciencia más que las joyas y las sedas".[336]

"Poemas tontos, melosos y lagrimosos, galega pura..."[337]: literatura femenina, rompiendo el sentimentalismo

Gabriela Mistral se enmarca en el florecimiento de las letras femeninas en América: en las primeras décadas del siglo se consolidan escritoras como la uruguaya Juana de Ibarbourou; las argentinas Alfonsina Storni, Victoria Ocampo, Norah Lange; las chilenas Amanda Labarca, Marta Brunet, María Luisa Bombal, entre muchas otras. Es la irrupción de la mujer en espacios antes vedados como el periodismo y la política —y su posterior derecho a voto—, el surgimiento de organizaciones femeninas y un progresivo interés por incursionar en carreras universitarias.

En palabras de Raquel Olea: *"No es casual que sea paralelo a esos comienzos [sufraguistas y feministas], entre los años 1912-1930, que surja un importante número*

---

[334]   *Loc. cit.*
[335]   *Loc. cit.*
[336]   *Loc. cit.*
[337]   Mistral, Gabriela, Carta N° IX, a Eugenio Labarca, en: Ed. Ganderats, Luis, *op. cit.*, vol. III, p. 28.

de mujeres escritoras: narradoras, ensayistas y poetas que, ligadas al emergente movimiento feminista, producen una literatura de rebeldía y subversión en relación a la condición de la mujer y los roles asignados socialmente".[338]

En Chile, precedidas por Mercedes Marín del Solar (1804-1866), vendrían Iris (1869-1949), Roxane (1886-1960), todas provenientes de familias de la aristocracia santiaguina.

Sobre la forma, la temática y la posterior crítica de la incipiente literatura femenina, cuenta Gabriela Mistral a Eugenio Labarca:

"No está de más que le diga lo que pienso sobre la literatura femenina en general, sin especializarme en nadie. Hay una montaña de desprestigio y de ridículo en Chile echada sobre las mujeres que escribimos. Hubo razón en echarla. Sin exceptuar ni a doña M. Marín del Solar, la mujer en Chile se ha extendido como las feas enredaderas en guías inacabables de poemas tontos, melosos y lagrimosos, galega pura, insipidez lamentable, insufrible gimoteo histérico. Y lo que nos ha perdido es la pata de Uds., el elogio desatinado de los hombres que no se acuerdan al hacer sus críticas, de los versos escritos por tal o cual mujer, sino de sus ojos y su enamoradizo corazón… Nadie tiene más interés que yo en que, al fin, demos algo las chilenas como ya han dado las uruguayas. Sé que la obra hermosa de una nos prestigiará a todas y cubrirá siquiera en parte, las vergüenzas de tanta hojarasca loca y necia. Haga esa obra J. I Inés, o B. Vanini, la O. Acevedo, y yo gozaré con la victoriosa. Le confieso que este egoísmo me hace desear que Ginés esté en Chile mucho tiempo. Aunque no es nuestra, es mujer y nos arroja esplendor. Porque he ahí un talento de verdad y que puede conseguir que alguna vez se tome en serio en Chile la producción femenina.

Opiniones son todas estas que Ud., reconocerá sanas, perfectamente sanas, pero que yo nunca daré en público porque los que no me conocen —y son los más— verán en ellas intenciones adversas para mis colegas".[339]

Le molesta el romanticismo dulzón de los escritos de las mujeres chilenas. Renueva su constante de la mujer abierta a los asuntos sociales, fundamentales de la vida.

"Linda, pero muy romántica tu carta. Yo quiero que leas muchos clásicos y que ellos a ti como a mí te arranquen de cuajo el romanticismo. ¿Oyes? Comienza por Sófocles. Sigue con Esquilo. Hay pasión tremenda en ellos, pero dentro de la brasa un eterno sosiego. Yo necesito saberte anclada o clavada en las Esencias del mundo y de la vida"[340] le pide a Teresa Llona.

Gabriela Mistral reconoce en la mujer el genio literario, intuye su valor

338   Cfr. Olea, Raquel, "Ampliación de la palabra: la mujer en la literatura" (1995), en: Carrillo, Claudia y Salomone, Alicia, *op. cit.*, p. 107.

339   Mistral, Gabriela, Carta a Eugenio Labarca, en: Ed. Ganderats, Luis, *op. cit.*, vol III, p. 28.

340   Mistral, Gabriela, Carta a Teresa Llona (1938), en: Ed. Ganderats, Luis, *op. cit.*, vol. III, p. 276.

y su profundidad. Adivina ese potencial oculto porque ella ya lo ha hecho brotar en sus escritos, por eso le pide más.

"Me asombra cada vez que leo libros de mujeres, el que no pongan y menos luzcan en su escritura todo lo que saben. Tal vez desdeñen su tesoro, o lo tengan por válido sólo para la vida, y se equivocan en el desdén de esta mina".[341]

Gabriela Mistral relaciona la literatura femenina con el hogar: *"Hasta hoy hemos dejado que las almas finas de Martínez Sierra o de Amado Nervo digan nuestras emociones, adivinándolas, sorprendiendo, felizmente, algún instante de nuestra vida íntima honda. Ahora queremos hacer cantar lo nuestro. En vez de hacer odas como la Avellaneda, muy aplaudida por los clásicos españoles, quiero que hagamos prosa y poesía del hogar".*[342]

Gabriela siente esta ausencia temática. No se le ha rendido el honor que merece. Porque si la mujer es la generadora de este mundo es la llamada a retratarlo y ponerlo en su lugar.

"¡Cuánto, cuánto queda por cantar del hogar y de la escuela! ¡Si parece que nada se ha dicho todavía, que está virgen esta cantera del alma, que la cuna y los juegos y la sala de clases no están llenas de sugestiones, que los poetas no han querido recoger por ir a vocear a la asamblea!

¡Manos de mujer, labios de mujer, para entregar esta embajada de cantos desdeñados!".[343]

Cuando Gabriela Mistral trabajó con José Vasconcelos en la reforma educacional de México editó un libro de prosa, *Lectura para mujeres* (1924) tenía por misión crear una nueva modalidad de enseñanza femenina: un libro pensado para las mujeres mexicanas, con contenidos valóricos que auxiliaran a la mujer y le orientaran en sus pautas de conducta.

En la introducción Gabriela explica las razones para realizar esta selección:

"Bueno es darles en esta obra una mínima parte de la cultura artística que no recibirán completa y que una mujer debe poseer. Es muy femenino el amor de la gracia cultivado a través de la literatura".[344]

Todo con el fin de cumplir un sueño: *"Tengo una ambición más atrevida que las feroces de las feministas inglesas, y es ésta: quiero que las niñas de mañana no aprendan estrofas ni cuentos que no vengan de una mujer, y de una mujer chilena".*[345]

---

[341]   Mistral, Gabriela, "Recado para doña Carolina Nabuco" (julio de 1941), en: Ed. Scarpa, Roque, *Gabriela... op. cit.,* p. 57.

[342]   Mistral, Gabriela, "La enseñanza, una de las más altas poesías", (probablemente de 1917. Tomada esta prosa de un manuscrito [sic]), en: Ed. Scarpa, Roque, *Magisterio... op. cit.,* p. 272-273.

[343]   Mistral, Gabriela, "La enseñanza, una de las más altas poesías", en *ibid.,* p. 276.

[344]   Mistral, Gabriela, "Lectura para mujeres" (Introducción), en Ed. Scarpa, Roque, *Magisterio... op. cit.,* p. 105.

[345]   Mistral, Gabriela, "La enseñanza, una de las más altas poesías", en *ibid.,* p. 272.

"Tengo a la mujer como más saturada de sabiduría de vida que el hombre común"[346]

Gabriela Mistral emerge como pensadora del mundo femenino en momentos en que la conciencia de género moviliza a las mujeres europeas y norteamericanas primero, y a las latinoamericanas después.

Sin embargo, Gabriela Mistral no compartió la totalidad de los postulados de las nuevas mujeres organizadas. Gabriela no apeló a la igualdad de sexos, apeló a la diferencia, a la existencia de discrepancias entre los sexos para asumir y responder a la vida.

El mundo mujeril de la escritora es único e independiente. Realista, reivindicativo y acorde a las virtudes intrínsecas de la mujer.

Realista, porque describió sin sombras la vida de las mujeres; con lúcida mirada no cantó fantasías, sino esperanzas, marginación y lucha diaria.

Reivindicativa, porque no buscó sólo crear nuevos espacios para la mujer —como el voto, la instrucción, etc.—, sino también legitimar y perfeccionar las problemáticas que ya existían, ante los ojos de la sociedad y ante las propias mujeres. Ideó por ejemplo solucionar la situación del hijo ilegítimo (1923), porque conocía la situación paria que vivía la madre soltera.

Propuso además, la necesidad de crear una igualdad salarial. Estas dos iniciativas, son sólo muestras del pensamiento mujeril de Gabriela Mistral, que el común de la gente desconoce y que siguen sin solución aún en nuestros días. Los estudiosos dicen que la escritora fue una adelantada para su época, podríamos agregar también, que tuvo la virtud de saber retratar con realismo los problemas femeninos y que, a diferencia de muchos, sí propuso soluciones concretas.

También enalteció la esencia de la mujer, vinculándola a la Tierra, al origen, al proveer, y a perpetuar aquellos grandes detalles que no percibimos en la cotidianidad, pero que mantienen el orden de nuestras vidas. Porque reparó en la capacidad femenina de mitigar el dolor ajeno y en plasmar calidez a las cosas. Que son características inherentes a la mujer y que ellas las saben impregnar a todo su quehacer.

La mujer de Gabriela Mistral es madre universal de todo aquello que necesite protección. Despliega sus robustos brazos para abarcar las grandes causas como la educación, la paz y la solidaridad sin tener, lamentablemente, mucha conciencia de ello.

---

[346] Mistral, Gabriela, "Recado para doña Carolina Nabuco" (julio de 1941), en: Ed. Scarpa, Roque, *Gabriela... op. cit.,* Santiago, Chile, 1978, p. 57

Gabriela estimula a la mujer a ser más consciente de su poder y a luchar por sus derechos, que son también los derechos del niño, el futuro de la raza, y el porvenir del pueblo.

Gabriela Mistral ligó siempre la mujer al niño. Su posición —a veces exasperante— y que causó molestia en las feministas burguesas de la época, se entiende en la medida en que reconoce en la realidad latinoamericana un matriarcado creado a la fuerza, producto de la indiferencia masculina de inicios de siglo. Sin embargo, Gabriela, al contrario de lo que se podría pensar, no es una figura que desee perpetuar la subordinación de la mujer. Por el contrario, abre a la madre las puertas de la literatura, del voto, de la instrucción, de la igualdad de salarios y de otras garantías.

Quiere que la mujer se expanda y se perfeccione. Lo que sí no apadrinará es el abandono del niño, no lo justificará porque eso sería ir contra los ciclos de la naturaleza: su posición moral va acorde a los preceptos de la Tierra. Sólo entendiendo esto se comprenderá la postura que Gabriela Mistral quiere que la madre adopte en relación al hijo.

De lo contrario su pensamiento sería truncado, siendo presa fácil de quienes la quieren seguir encasillando en su rol de educadora y mujer ejemplar, señalándola como la gran promovedora de la sumisión gratuita de la mujer al hogar. El pensamiento de Gabriela Mistral va más allá de eso, siendo sus razones mucho más íntegras y no tan banales.

Porque la esencia de la maternidad es el vínculo que une a la mujer con lo sagrado. A través de ella, la mujer se acerca a los asuntos fundamentales de la vida.

Conclusión

Gabriela Mistral supo interpretar la marginación y la exclusión que el modelo occidental destinó a América y a nuestra identidad. Buscó los sentimientos que unían al continente y los convirtió en palabras, haciendo suyas las voces de unos pueblos que empezaban a reconocerse como tales.

El pensamiento y la cultura de los siglos dominados por las concepciones de razón y progreso han postergado los horizontes étnicos, políticos y culturales propios de la región.

"Pese a los positivos adelantos que se han registrado en muchos países, no se puede negar que actualmente hay en todo el mundo más pobreza, más desempleo, más injusticia y más inseguridad social que hace diez años".[347]

Gabriela Mistral presenta al hombre moderno como un ser totalitario y excluyente. Para ella, los derechos y beneficios básicos contenidos en esta sociedad, no han realzado la dignidad que merecen los tres ejes de su preocupación humanista: tierra, indio y mujer. Su crítica se centra en la discriminación que este modelo, fundamentalmente nórdico, realiza sobre estas dimensiones.

A través de estos temas, la Mistral concebirá un paradigma suramericano, liberado de eurocentrismo, enraizado en las costumbres y tradiciones de América. Para ella, el progreso de una nación y del continente deben emerger de sus propias bases, y no de la imitación de modelos foráneos.

Desde su enfoque, la tierra, es el origen y el sostén de las cosas, de ella emana la moralidad de la vida y es el bien por excelencia de los hombres. Es

---

[347] Boutros-Galhi, Boutros, *Paz, desarrollo y medioambiente*, Santiago, Chile, Naciones Unidas, 1992, p. 41.

121

también Ceres y Gea, la madre fecunda que alberga y satisface las necesidades de sus hijos, que crece y da fruto según el cuidado que le prodiguen.

La sociedad de Occidente trajo consigo la revolución industrial, los centros urbanos y la maquinización del trabajo. Estos se convierten en una amenaza a la tierra, enajenan al campesino, e impiden la comunión natural del hombre con ella. La tierra entonces, pierde el alma propia y su correspondencia con el cuerpo del hombre, transformándose en un bien exclusivamente económico.

Gabriela Mistral repudia la marginación que sufre el campesino, a través de las formas del capitalismo y de la explotación que ejercen los latifundistas y terratenientes. Atribuye el desprecio del campesinado a la falta de conocimiento sobre el significado profundo de la tierra. De esta forma, el arribismo de la clase media y la indiferencia del burgués han cubierto de vergüenza al campo.

A su vez, el Occidente margina al indio desde una perspectiva política y social. Las vejaciones padecidas por los indígenas, la enajenación del suelo sagrado, el menosprecio de su cultura y su subordinación al blanco, distancian a Gabriela Mistral de la panacea moderna, en tanto ésta adopta una forma concreta: el racismo.

Gabriela Mistral reconoce, como una consecuencia del racismo, la pérdida de identidad y valores de América, ello se genera a través de la constante exclusión del indio de los sistemas de participación de la sociedad.

Por otra parte, Gabriela Mistral reivindica derechos y espacios vetados para la mujer. Al respecto, demanda al género superar las dificultades para acceder a espacios políticos y socio-culturales.

El pensamiento occidental en relación a la mujer, adopta la forma de machismo: relega a la mujer a un plano secundario que la minimiza y circunscribe a espacios determinados. Gabriela rechaza esta postura, defendiendo la igualdad de derechos y la emancipación de la mujer mediante la instrucción y educación.

Una concepción telúrica para América

Para Gabriela Mistral la Tierra está viva. A través del estudio de su pensamiento podemos observar que el suelo no sólo permite la existencia sino que además la genera, convirtiéndose en una persona sagrada, ennoblecida por el acto de la creación.

El tema del suelo es una constante en sus escritos. De él extrae una concepción de vida en defensa de la memoria rural, pero en franca armonía con la conciencia actual.

Su intención no es enfrentarse al progreso, sino lograr en él la combinación campo-ciudad perfecta, estableciendo equidad y justicia, como lo haría la Madre Naturaleza con sus hijos.

El hombre íntegramente está incorporado a su concepción de mundo, no existen marginados. Esto podría entenderse como un gesto político reivindicativo, pero en realidad es más profundo: es un acto de amor hacia los suyos.

La referencia a esta concepción tiene su base en antiguas culturas de sustento agrícola: *"La tierra está 'viva' en primer lugar porque es fértil. Todo lo que sale de la tierra está dotado de vida y todo lo que regresa a la tierra es provisto nuevamente de vida. El binomio homo-humus no debe comprenderse en el sentido de que el hombre es tierra porque es mortal, sino en este otro sentido. Que si el hombre pudo estar vivo, es porque provenía de la tierra, porque nació de —y porque regresa a— la terra mater".*[348]

Sin embargo Gabriela también podría haberla internalizado en su propio valle natal, tan agrícola como ella:

"Dos o tres viejos de la aldea me dieron el folklore de Elqui —mi región— y los relatos con la historia bíblica que me enseñara mi hermana maestra en vez del cura, fueron toda, toda mi literatura infantil".[349]

El sentido telúrico de la vida lo recoge de las reminiscencias ancestrales de Elqui. Gabriela no es tan sólo una nostálgica de él, sino que posee un afán por encontrar en los distintos pueblos la misma unidad y cohesión entre los hombres con el suelo que allí conoció.

"[....] Así y todo, tal como los maniáticos, sigo viendo delante de mí el huerto de la aldea de Montegrande en una especie de obsesión".[350]

Sus escritos intentan reflejar la cultura de la tierra en toda su dimensión. Así, del modelo que aprendió en el valle de Elqui, elabora toda una cosmovisión para América.

Su propuesta es encontrar el sentido de la vida en el origen de ésta. La idea de la tierra como una madre no es nueva, pero Gabriela la retoma con mayor ahínco:

"Voy a hablarles sobre las relaciones de la mujer con la tierra y sobre la voluntad de conservación que une a ambas".[351]

---

[348] Eliade, Mircea, *Tratado de historia de las religiones,* México, Ediciones Era, 1992, p. 233.

[349] Mistral, Gabriela, "Contar" (Avignon, febrero, 1929), en: Ed. Ganderats, Luis, *op. cit.,* vol. II, p. 190.

[350] Mistral, Gabriela, "Epistolario entre Gabriela Mistral y Eduardo Barrios", en *Cuadernos Americanos* N° 210, febrero de 1977, p. 234.

[351] Mistral, Gabriela, "Conversando sobre la tierra" (San Juan, Puerto Rico, 1931), en: Ed. Ganderats, Luis, *op. cit.,* vol. II, p. 272.

La dificultad radica en que la Tierra para Gabriela es una persona, —mejor dicho una mujer, madre, nutricia y sagrada, bastante alejada de la noción mercantilista de la tierra como un recurso de producción.

"La naturaleza lo fue todo para Gabriela: su amiga, su hermana, su compañera de juegos, pero sobre todo fue su madre." [352]

Quiso representar esta situación en Gea, diosa de la tierra, de quien se declaró devota [353]. De esta forma el deber de la Tierra con el hombre sería el de una madre con su hijo, considerando no sólo el alimento y el cuidado, sino también la educación y el respeto.

"Estrechamente ligada a uno de los temas de mayor recurrencia en su obra —la maternidad— la tierra es para Gabriela Mistral el manantial espejeante de su valioso mundo literario. Pero esos elementos telúricos y regionales se alzan en la originalidad de su fuerza creativa al plano ontológico, para encarnar esencias humanas que los harán desbordantes". [354]

Pero hasta la propia Ceres y Gea resultaban descontextualizadas en América. De esta percepción surgen nuevas interpretaciones: *"Parecía una desterrada de su tierra y sin embargo, ella misma era tierra, una isla elquiana [....]."* [355]

En palabras de Luis Oyarzún: *"Ella es la Madre Gea que inventaría —o inventa— un país imaginario —su país—. [....] Es la huerta, el jardín humilde de las viejas aldeanas como ella; pero es más huerta que jardín, pues éste ya le parece demasiado lujo. [....]"* [356]

Podría concluirse, entonces, que Gabriela Mistral se construye una propia idealización del suelo. Donde la Tierra no sólo cumple las funciones ya señaladas, sino que además, con una mirada conciliatoria con la realidad americana propugna todo un cambio político, económico y social respecto a la concepción de vida en el mundo occidental.

"La existencia de la dimensión rural y de su abrumadora magnitud no ha recibido un amplio y franco reconocimiento en el ámbito del poder, del conocimiento científico y de la planificación. Así, a veces, se le admite con la misma molestia con la que se reconoce la presencia de un defecto físico, como algo que debe ser tratado con discreción y delicadeza". [357]

---

[352]   Campos, Enrique, *Gabriela Mistral y su tierra*, Instituto Cultural de La Serena, La Serena, Chile, 1986, p. 3.

[353]   Cfr. Mistral, Gabriela, "La Antártida y el pueblo magallánico", octubre de 1948, en: Ed. Ganderats, Luis, *op. cit.,* vol. II, p. 45.

[354]   Cecereu, Luis, "Evocación telúrica en la prosa de Gabriela Mistral", en *Aisthesis,* Revista del Instituto de Estética de la Pontificia Universidad Católica de Chile, N° 11, Santiago, Chile, 1978, p. 66.

[355]   Campos, Enrique, *op. cit.,* 1986, p. 5.

[356]   Oyarzún, Luis, *Diario íntimo,* Santiago, Chile, Departamento de Estudios Humanísticos, Universidad de Chile, 1995, p. 547.

[357]   Warman, Arturo: "Tierra y desarrollo", en: IV Congreso Interamericano de Planificación (SIAP), *Relación campo-ciudad: La tierra, recurso estratégico para el desarrollo y la transformación social,* Michoacán, México, Ediciones SIAP, 1983, p. 86.

Ante este menosprecio generalizado por el culto y labor de la tierra, Gabriela promueve lo trascendental en su más amplio sentido: un reencuentro con el agro, que lo haga partícipe de la futura generación a partir de un modelo concebido por la comunidad y en comunión de intereses.

A través de la representación femenina del suelo: *"solidaridad mística entre la fecundidad de la tierra y la fuerza creadora de la mujer es una de las intuiciones fundamentales de lo que podríamos llamar la 'conciencia agrícola'"*.[358] La significación de la tierra adquiere un valor mucho más universal y humano en la propuesta mistraliana para interpretar una auténtica conciencia americana.

Contra el olvido de los indios

La estrecha comunión de Gabriela Mistral con las etnias indígenas de la América española se sustenta en la revaloración y rescate del aporte cultural y racial que el indio representa.

El pensamiento político-social de la Mistral aparece como una crítica al blanqueamiento que el mundo occidental impuso desde que el español colonizó y conquistó la América morena.

El blanco trajo consigo cambios que trastrocaron por completo su modo de vida y su forma de desarrollo lograda hasta ese entonces. Con la llegada del blanco el continente se vio enfrentado a una serie de rupturas, que revolucionaron por completo al mundo indio.

Dentro de esos cambios se encuentran los despojos de tierra, la esclavitud india, la desvalorización de mitos, costumbres y creencias, el mestizaje. A fin de cuentas, la implantación del modelo occidental.

"Aquí se sufrió una guerra de conquista con su corolario: evangelización, epidemias, esclavitud personal, así como la otra situación terrible, [...] que es el mestizaje. El mestizaje fue un arma tremenda..."[359]

Gabriela se autodesignaba indo-mestiza, esta autopercepción le permitió no sólo interiorizarse sobre el tema indio, sino compenetrarse en su cultura, participar de sus creencias y en especial, compartir sus aflicciones.

A partir de esta complicidad racial, Gabriela denunció las vejaciones padecidas por el indio en manos de los conquistadores, quienes subordinaron a los aborígenes, quitándoles el bien más preciado: la tierra.

---

[358] Eliades, Mircea, *op. cit.*, p. 301.
[359] Ribeiro, Darcy, "Amerindia hacia el tercer milenio", en *Oralidad. Lenguas, Identidad y Memoria de América*, N° 9, La Habana, mayo, 1998, p. 9.

Pidió a las autoridades un mejor trato a los indios. Para ello, apeló a las virtudes del indígena, sacudiendo los mitos negativos con que el blanco estigmatizó su cultura. Reivindicó sus capacidades, su valor como raza originaria, natural y mayoritaria.

La implantación de la cultura occidental desechó todo aquello que no se ajustara a sus pautas de creencias, costumbres y tradiciones. El indio, a los ojos del conquistador, resultó ser un bárbaro-salvaje que "necesitó" ser civilizado y reeducado en las concepciones del Viejo Mundo.

Este prejuicio se mantuvo a través del tiempo, inclusive, contemporáneos a Gabriela Mistral promovían el desarrollo económico y cultural a través del desapego a las raíces y del desdeño al indígena.

"Uno de los caminos de progreso sería intensificar el movimiento natural de ascensión de las clases populares. Ayudar a su blanqueamiento, enaltecerlas hasta que lleguemos, junto con ellas, a la homogeneidad de la raza. [...] El mejoramiento puede realizarse de varios modos... blanqueando las costumbres".[360]

Bajo esta premisa civilizatoria, el indio y su cultura quedarían sentenciados al olvido, por parte del mundo blanco y sobre todo del mestizo. Fue en contra del desarraigo y la pérdida de identidad racial que Gabriela se quejó. Dicha queja la convirtió en una causa de defensa moral y social incesante.

La voz de Gabriela se alzó fuerte y sincera ante las desventajas del indio frente al blanco. La exaltación de este último en desmedro del primero le pareció insensata.

El indio sufrió la estigmatización social y racial, extinguiéndose con la fuerza del olvido histórico, el que se ha empeñado en desvanecerlo en un modelo eurocentrista que lo ha marginado y excluido por ser distinto y concebir al mundo desde una perspectiva cosmogónica.

"La suerte social de las masas indígenas dependerá necesariamente de los fines inmediatos o más remotos de la conquista, los que por su parte derivan del grado de la evolución económica, política y espiritual del país conquistador, de toda la estructura social de éste. Así la conquista española trasladó el feudalismo europeo a las Américas, pero no el feudalismo en su forma orgánica o primitiva, en la cual ambas partes tenían cierto provecho; sino que en su forma degenerativa de explotación unilateral, en correspondencia con el poder militar de los conquistadores".[361]

El discurso desarrollado por Gabriela Mistral debe ser comprendido al fin de este milenio como un resguardo de la memoria ancestral, potenciador

---

[360]   Labarca, Amanda, *Bases para una política educacional*, Buenos Aires, 1934, p. 200.
[361]   Lipschutz, Alejandro, *Perfil de Indoamérica de nuestro tiempo*, Santiago, Chile, Editorial Andrés Bello, 1968, p. 19.

de conocimiento y sabiduría. Tal preservación tuvo, y tiene hoy, como objetivo principal reconocer el origen indio de nuestra cultura en todas sus dimensiones.

Al contrario de quienes creen que *"las culturas precolombinas, o sea la incaica, la azteca, la maya son dignas de toda nuestra veneración [...] Pero sólo tienen un valor arqueológico"*.[362] Para Gabriela, lo étnico va más allá de su importancia científica o biogenética, transmite el recuerdo de un pasado no tan remoto, y permite la construcción de un presente compenetrado con lo trascendental.

El afán de Gabriela por comprender a las castas milenarias, de las cuales se sintió parte integrante, conlleva inevitablemente a reflexionar sobre la postura que adoptaron blancos, y sobre todo mestizos, ante la progresiva discriminación del indio en términos raciales y sociales.

Los mestizos se empeñaron con ahínco en renegar su ascendencia india y de su cultura aborigen. Ellos lucharon contra su "indio interno" y trataron de convertirse en blancos obviando sus ancestros y su estirpe. Para Gabriela Mistral, la empresa no fue del todo exitosa, pues la cultura occidental no fue capaz de borrar el color y la sangre oriental.

De acuerdo con el ensayista y antropólogo brasileño Darcy Ribeiro, la "nadiedad" fue lo que marcó, y marca todavía, al mestizo: *"La 'nadiedad' es lo que caracteriza al mestizo; él es nada porque no es europeo, no es indígena, no es africano. Los mulatos y mestizos son la gente que está puesta en un mundo separado. Es una gente que es nadie, de esa 'nadiedad' es de donde surgen los paraguayos, los brasileños, yo creo que también los mexicanos. Nosotros surgimos de la negación, de la desindianización del indígena, [...] de la deseuropeización del europeo"*.[363]

Escuchar a Gabriela abogar por los derechos del indígena es escuchar el llamado de justicia de una mestiza aotoproclamada. Ella levanta su voz por el indio desamparado, por el indio sin representación política, por el indio obligado a distanciarse de su cultura tradicional, por el indio que se apaga poco a poco en un mundo caucásico que no lo acepta y lo considera inferior.

"Considerando a los araucanos, yo siento que no se hayan extinguido antes, y que las malditas cualidades de su raza hayan llegado a impregnarse tanto en nosotros"[364], decían los discursos europeizantes de su tiempo.

Gabriela rechazó el blanqueamiento del continente americano, mediante la profunda aceptación de nuestros orígenes, fundamentalmente indio y mestizo. Su ideal de igualdad y equidad social, la hicieron estar en contra de aquellos

---

[362]   Molina, Enrique, *Confesión filosófica y llamado a la superación de la América Hispana*, Santiago, Chile, 1942, p. 117.

[363]   Ribeiro, Darcy, *op. cit.*, p. 5.

[364]   Hübner, Sara, "Charlas", en: *Sucesos*, año XVIII, N°897, Valparaíso, Chile, 4 de diciembre, 1919.

que quisieron eliminar o dejar al indio en una larga penumbra, hasta casi hacerlo desaparecer.

Su defensa es un acto de compromiso con el origen. Así, se distancia de la idea de que el progreso del continente se logra con la homogeneización de la raza y el menosprecio del indio. Sus aspiraciones buscaron unir a un continente en sus raíces, en su raza.

El pensamiento indígena de Gabriela es un símbolo de aquello que dejamos olvidado. Su defensa del indio es un llamado a respetar el derecho a nuestra propia identidad como continente americano, pero desde dentro, considerando la antigua procedencia.

"¡América, América! Todo por ella; porque todo nos vendrá de ella, desdicha o bien [...] Maestro: enseña en tu clase el sueño de Bolívar, el vidente primero. Clávalo en el alma de tus discípulos con agudo garfio de convencimiento. Divulga la América, su Bello, su Sarmiento, su Lastarria, su Martí. No seas un ebrio de Europa, un embriagado de lo lejano, por lejano extraño, y por además caduco, de hermosa caduquez fatal.

"[...] ¡América y sólo América! ¡Qué embriaguez para semejante futuro, qué hermosura, qué reinado vasto para la libertad y las excelencias mayores!"[365]

De esta forma vivifica las raíces y propone la unidad latinoamericana. Su prosa es una promesa de que el futuro puede ser mejor para los pueblos amerindios. Así lo cree Darcy Ribeiro: *"Lo lindo de la herencia indígena, una de las cosas que me hizo quedar apasionado durante diez años con los indígenas, es la capacidad de convivencia humana, la profundidad de la solidaridad, el sentido de reciprocidad, el sentimiento de la responsabilidad social, estos sentimientos que aún están guardados por las comunidades, son una de las herencias que tenemos"*.[366]

Gabriela Mistral es una optimista que cree en las raíces y en la estirpe autóctona. Rechaza el racismo dando un sí profundo y conmovedor a la cultura indígena, puesto que en ella está nuestra alma, nuestra real sabiduría y nuestra verdadera forma de crecer.

El rescate de la mujer

La sociedad occidental se ha desarrollado bajo dos premisas dinámicas, la razón y el dinero. Ambas son abstracciones que remiten de inmediato a una concepción masculina del mundo.

---

[365] Mistral, Gabriela, "El grito" (*Revista de Revistas*, México D.F., 1922), en: Ed. Ganderats, Luis, *op. cit.*, vol. II, p. 69-70.
[366] Ribeiro, Darcy, *op. cit.*, p. 14.

Durante la edad medieval, el vaivén del tiempo y su fuerza motriz —la Tierra— se vivían bajo los prismas femeninos.

Para el escritor e intelectual Ernesto Sábato: "[...] El tiempo no se medía, se vivía en términos de eternidad, y el tiempo era el natural de los pastores, del despertar y del descanso, del hambre y del comer, del amor y del crecimiento de los hijos; era un tiempo concreto y vital, hogareño, femenino".[367]

Para Humberto Maturana por su parte, la concepción matrística tiene sus antecedentes en los tiempos de la recolección, antes del pastoreo y de la apropiación del ganado por parte del hombre:

"En el período matrístico, no encontramos señales de explosión demográfica, y podemos suponer que el control de la natalidad era practicado por las mujeres. Además esta cultura matrística estaba centrada en la estética de la armonía del mundo natural como aspecto del reconocimiento de la pertenencia de lo humano al ámbito de lo vivo desde donde el ser humano obtenía todo el bienestar de su existencia. [...] Tienen que haber sido conversaciones de cooperación, participación y armonía del convivir así como de legitimidad del control de la natalidad como parte de la armonía del vivir. [...] La cultura patriarcal trae consigo la guerra, las jerarquías, la valoración de la procreación y la subordinación de las mujeres a los hombres".[368]

Lo cierto es que, de acuerdo a ambos autores, en el presente se intensifica la pérdida de los valores femeninos. Lo cualitativo dio paso a lo cuantitativo, lo corporal a la razón, el misterio a la lógica.

Gabriela Mistral da cuenta de esta traslación de valores:

"Tal vez el pecado original no sea sino nuestra caída en la expresión racional y antirrítmica a la cual bajó el género humano y que más nos duele a las mujeres por el gozo que perdimos en la gracia de una lengua de intuición y de música que iba a ser la lengua del ser humano".[369]

El pensamiento patriarcal es una fuerza dinámica que además de ser analítica, busca la apropiación, la jerarquización y la subordinación del mundo exterior. Para Maturana, *"[...] la guerra aparece en Europa con la llegada del patriarcado"[370]* y de ahí en adelante los conflictos se han sucedido tan violentamente hasta los acontecimientos bélicos mundiales del siglo XX. Porque

---

[367] Sábato, Ernesto,"Masculinización y crisis", en: Sábato, Ernesto, *Heterodoxias*, Buenos Aires, Editorial Seix Barral, 1991, p. 89.

[368] Maturana, Humberto, *El sentido de lo humano*, Santiago, Chile, Editorial Universitaria, 1991, p. 289.

[369] Cfr. Olea, Raquel, "La otra Mistral", en Literatura y Libros, N°51, *La Época*, 2 de abril de 1989, p. 6.

[370] Maturana, Humberto, *op. cit.*, p. 288.

el hombre posibilita la guerra como vía para escapar de situaciones problemáticas.

La mujer en cambio reúne valores de cooperación, participación y armonía. Y es durante los conflictos que la madre universal busca la paz y la reconciliación, privilegiando la aceptación y no el enfrentamiento.

Gabriela Mistral habla por las mujeres: *"Queremos conservar en el continente una forma de vida pacífica, es decir, la única manera de convivencia que conviene a la familia humana y también la única que ella puede escoger con decoro cabal. Y queremos guardar, mantener, celar, este bien que hoy en el mundo llega a parecer cosa sobrenatural"*.[371]

Junto a la guerra, la sociedad de Occidente estuvo ligada al capitalismo, sistema netamente abstracto que sólo la mente masculina pudo generar y entender.

Se apropia de la tierra como un bien más, sin respetar el recurso natural que le ha dado vida durante milenios. La mujer es la aliada de la tierra e irá en busca de su legitimización y respeto hoy en día.

La mujer gobierna en lo concreto, lo útil y lo palpable. Es la Tierra su universo de acción.

"Eso que llaman riqueza mueble —acciones, bonos, valores en general— y que yo [Gabriela Mistral] llamaría la aventura acostada en papeles numerados es un lote inventado por el hombre [...], la mujer cree en la propiedad de ver y tocar, en el predio deslindado, en la granja, y en esas cosechas casi seguras o seguras de donde sale desde su mesa hasta la ropa de su niño".[372]

La mujer debe ir al rescate del principio místico de la Tierra y ecológico de subsistencia.

"[Las mujeres del Tercer Mundo] al recuperar las posibilidades de supervivencia de todas las formas de vida, están poniendo los cimientos de la recuperación del principio femenino en la naturaleza y en la sociedad, y a través de éste la recuperación de la tierra como sustentadora y proveedora".[373]

La identidad femenina se ha visto subordinada a la conducta que cotidianamente llamamos "machista", que no es sino el sistema patriarcal de concebir la vida, el que además de incluir patrones a corto plazo, nos envuelve como una pesada ideología que percibimos como algo natural.

---

[371] Mistral, Gabriela, Carta N°2 (28 de agosto de 1937, Río de Janeiro), en: Vargas Saavedra, Luis, *Vuestra Gabriela: Cartas inéditas a los Errázuriz Echeñique y Tómic Errázuriz*, Santiago, Chile, Editorial Zig-Zag, 1995, p. 35-36.

[372] Mistral, Gabriela, "Conversando sobre la tierra" (1931), en: Ed. Ganderats, Luis, *op. cit.*, vol. II, p. 275.

[373] Shiva, Vandana, *Abrazar la vida. Mujer, ecología y supervivencia*, Montevideo, Uruguay, Instituto del Tercer Mundo, 1991, p. 252.

Hablamos de una ideología o pensamiento patriarcal, no de diferencia sexual. Las mujeres también pueden ser patriarcales y justificar consciente o inconscientemente los valores que se propugnan. Son las que presa de la "masculinización" de los tiempos buscan entrar y competir bajo estas pautas de medición. *"¿Qué es el feminismo sino masculinismo?"*[374], se ha preguntado, en ese sentido, Ernesto Sábato. En el plano de la maternidad y de la infancia es donde el género femenino ha mantenido su liderazgo, creando a través de la crianza y la educación infantil, un espacio de amor y de juego que la adultez patriarcal ha terminado reprimiendo.

Para Gabriela: *"Nosotras [...] estaríamos destinadas —y subraye fuerte el destinadas porque sería un destino pleno— a conservar, velar y a doblar la infancia de los hombres. Las corrientes de frescura y de ingenuidad que arrancan de la infancia en ellos, y que después, muy pronto, se encenagan, se paran o se secan en su entraña".*[375]

Gabriela interpreta los horizontes temáticos de la tierra, el indio y la mujer como la respuesta a una sociedad que no asume el valor original de la vida.

El pensamiento mistraliano se articula en la relación de la tierra como sustento, del indio como hijo directo de la tierra y de la mujer como madre protectora.

Las alianzas entre indio y tierra son sustanciales. Existe un principio de lealtad y protección entre el indio y la tierra, ambos mantienen un compromiso de fidelidad y de cuidado. Si la tierra le entrega alimento para susbsistir, el indio —con plena conciencia de ello— la venera con respeto tratándola como una divinidad.

La tierra representa los fenómenos cíclicos de la vida que la mujer experimenta corporalmente. La enseñanza y la fecundidad se encuentra en ambas, que al crear y cuidar la existencia, son madres y maestras de los hombres.

El indio y la mujer comparten la misma suerte en nuestra sociedad. Son discriminados, pero son vitales para la existencia y entregan un gran aporte cultural. Sin embargo trabajan y luchan por conseguir un espacio de aceptación, donde se les revalorice e integre material y espiritualmente.

Para Gabriela la tierra posee el valor de lo trascendental. Es el principio y el fin de la vida, no es sólo un recurso natural, sino que adopta una dimensión global que integra todas las actividades del hombre.

La tierra representa la extensión del cuerpo, el alma del hombre. Físicamente es arada, sembrada, cultivada y cosechada, pero esto tiene un

---

[374] Sábato, Ernesto,"Masculinización y crisis", en *op. cit.,* p. 92.
[375] Mistral, Gabriela, "Carmen Conde, contadora de la infancia", en: Ed. Scarpa, Roque Esteban, *Gabriela piensa en...*, Santiago, Chile, Editorial Andrés Bello, 1978, p. 89.

Pensamiento social de Gabriela Mistral

sentido trascendental que es hacer crecer al hombre en la cultura de la tierra y en los valores que ella enseña.

El indio representa el origen racial, el comienzo del mestizaje y el principio de nuestra cultura. Para Gabriela Mistral simboliza el Oriente y la mística de una cosmogonía centrada en la naturaleza, basada en la compenetración profunda de la tierra, y en la adoración de ésta.

El indio es el hijo predilecto de la tierra, es el vigía, el oyente de su sabiduría y el adorador de sus gratitudes. El indio se mueve al ritmo de la tierra y respira con ella.

Sin embargo, es un marginado, un excluido y un postergado por la sociedad hecha por y para blancos, quienes le niegan derechos y lo rebajan por tener distintas costumbres, distintas formas de ver el mundo y diferentes rasgos físicos.

El indio es signo de paciencia, humildad y fortaleza. La defensa que Gabriela Mistral hace de lo autóctono, busca darle el sitial apropiado en todos los planos, destacando su valor en cuanto a raza y cultura.

La mujer representa el origen y el ciudado de la vida. Es la fuente de la existencia. Debido a este principio místico, su alma y su voluntad impregnarán de amparo, dulzura y calidez a todo lo que necesita protección.

La mujer es la madre por esencia y por compromiso, aliada de la tierra, al guardar en sí el principio ecológico. La mujer advierte que la tierra alimentará y acogerá a sus hijos y previene por lo tanto, que su destrucción es el fin. Por eso es que vivirá como propio su dolor y explotación.

Gabriela Mistral recogerá estos valores intrínsecos femeninos y los ayudará a hacerse presentes en la vida moderna a través de su reivindicación. Buscará nuevos espacios para la mujer, en los que pueda desempeñar y desarrollar sus potenciales con mayor libertad y reconocimiento.

La escritora tiene una postura determinada ante los tres temas. En cada uno de ellos se siente representada e identificada.

Frente a la tierra, Gabriela Mistral se concibe como la vivificación de la Gea. Su amor por la tierra americana se transforma en la pasión y esencia de su vida. Ella es la Madre Tierra, o por lo menos, la voz de nuestro suelo.

El campo fue su infancia y su felicidad, le recuerda al vientre materno que la acoge con tibieza y dulzura. Pero a medida que se alejó en lo físico de América, se sintió místicamente más cerca de ella, y fue creando un entorno del que surge la tierra-Gabriela, una sola personificación del suelo de América.

Gabriela Mistral se siente hermana del indio, y no en sentido figurado, confiesa con orgullo tener en sus venas sangre indígena, heredada de su padre y de su abuelo.

Ella es una hija más de la tierra, al igual que sus "inditos", como los llama con cariño. Comparte con el indio el cosmocentrismo y la total armonía con la naturaleza. Reconoce en su cuerpo y en su modo la impronta india, la asume y la acepta sin complejos.

En el ser mestiza se identificó más con sus ancestros indios que españoles. De estos últimos aborreció su complejo de superioridad y el racismo profesado hacia el indio. Del aborigen compartió su sencillez y humildad, sin por eso dejar de ser fuerte y fiel a sus convicciones.

Gabriela Mistral creció, como otras mujeres, sin la presencia de su padre, sintiendo de cerca el esfuerzo femenino para derrotar a la miseria.

Será la cómplice en auxiliar, entender y reivindicar esta labor ante los ojos del poder y la sociedad.

Según estos contextos, Gabriela Mistral propone un modelo nacido bajo las potencialidades y necesidades propias del continente, distinto del pensamiento occidental, que no ajusta sus preceptos a nuestra realidad.

Esto se redescubre hoy cada vez con mayor fuerza:

"La región iberoamericana estáa llena de su propia vida, una vida llena de la presencia de diversos idiomas, cosmovisiones, estructuras y pensamientos, símbolos de una gran riqueza cultural, que debe ser respetada, fomentada e integrada en la vida cotidiana como fuente de identidad y orgullo y no como elementos exóticos o folklóricos, sino como interacción, conocimiento mutuo, imaginación. José Martí ya advirtió: ¡entiendan jóvenes de América que se imita demasiado y que la salvación está en crear".[376]

Puesto que fue una mujer adelantada a su época, Gabriela Mistral logró visualizar anticipadamente la crisis y la debilidad de la modernidad. Elaboró un pensamiento suramericano, hablando desde el tercer mundo y en especial para su pueblo.

Gabriela no fue una antimoderna. Reconoció los beneficios de la modernidad pero advirtió que el sistema no era equitativo ni igualitario.

"El nuevo desafío [...] representa lograr una nueva cosmovisión verdaderamente universal y no eurocentrista..."[377]. Esto es precisamente, lo que Gabriela Mistral buscó.

Biografías y textos escolares han privilegiado dos aspectos de la escritora: la educación y la maternidad, los que han evadido su comprometida voz americana, que en la prosa alcanza su máxima expresión.

Más allá de la ausencia de un cabal conocimiento de su labor literaria, se ha interpuesto entre el imaginario colectivo y la escritora una cantidad de prejuicios que hieren su persona, hasta hacerla un elemento insípido que debe revisarse.

Los poemas infantiles, transformados en melodiosas rondas, fueron —y siguen siendo— elemento infaltable en actos escolares, los que junto al izar de la bandera y el riguroso desfilar de los cursos se han transformado en los símbolos de nuestra escolaridad. ¿Cuáles son los principales mitos que de Gabriela Mistral se tienen en la tradición nacional? La mujer sola, o más bien solterona, sin descendencia, de oscura personalidad, rodeada de trágicos sucesos, sin ningún rasgo de feminidad aparente. Se transforma así en una figura desdeñable sexual y socialmente. Sí respetada, pero así como respetamos la ley y el orden, con sacrificio y temor.

"Gabriela maestra, Gabriela sola, Gabriela estéril, Gabriela dolorida,

---

[376]   Cumbre Iberoamericana del Pensamiento, *Relato General de la "Cumbre de Pensamiento: Visión iberoamericana 2000 (26 al 29 de abril)"*, Antigua, Guatemala, Secretaría Ejecutiva de la Comisión Organizadora, 1993, p. 15.

[377]   *Ibid.*, p. 62.

construyen la cadena significante de una vida que ha sido utilizada para construir una lectura que excluye ciertos aspectos que pudieran transgredir o amenazar un sistema de representaciones que prefirió estereotipar su obra y su imagen, por no develar contenidos que evidenciarían 'otras' concepciones de la historia social y política de nuestro continente.

"Congelada e inalcanzable, a la misma distancia que están las diosas y las santas, con ella no puede haber identificación posible, ni en la experiencia ni en la palabra. Quizás por ello su escritura no está del todo presente en las generaciones posteriores, como ha sucedido con Huidobro y Neruda".[378]

Los factores que han obstruido el trabajo intelectual poético y sobre todo, ensayístico de Gabriela —que es donde se condensa su "conversación" sobre las congruencias e incongruencias de la sociedad moderna— son difíciles de determinar.

Sin embargo, intelectuales y eruditos han sabido capear las dificultades y entrar de lleno en el mundo de Gabriela Mistral. Motivados por diversas razones, se han abocado a recopilar sus textos, los que concentran su juicio crítico, y la alejan de los que se han apropiado de ella para robustecer su discurso conservador.

Queremos dar fe de la necesaria trascendencia de Gabriela Mistral. No de la forma en que se ha estado realizando, sino de una manera honesta, real y acorde con sus principios, que nada tenían que ver con la utilización que de ella se ha hecho.

"Mistral es mucho más que aquellas canciones de cuna y la autora de los Sonetos de la Muerte. Creó todo un pensamiento y una manera de estar en el mundo desde las raíces indoamericanas y latinoamericanas. Fue un 'sujeto extranjero culturalmente migratorio ubicado en la intersección de culturas distintas, un sujeto particularmente mujer en el sentido del poder'".[379]

Tierra, indio y mujer no son temas tomados al azar, los tres responden a una serie de interrogantes desde y hacia Gabriela Mistral.

Primero dan cuenta de su preocupación social y política, que la distancian claramente de la concepción conservadora que de ella se tiene. Sin incursionar en partidos y libre de ideologías políticas, Gabriela se levanta sí con sus propios colores, en una utopía que pretende elevar el nivel de vida de los más pobres, creando una economía indoamericana de cooperación, sustentada por modelos propios de producción.

---

[378] Olea, Raquel, "La otra Mistral", en Literatura y Libros, N° 51, *La Época*, 2 de abril de 1989, p. 6.

[379] Agosín, Marjorie, "Gestos y rostros de mujeres: Gabriela Mistral y Violeta Parra", en: *Plural*, N° 260, Publicación de *Excelsior*, México D.F, mayo de 1993, p. 62.

"Color lo tengo y en ninguna parte lo he negado: yo soy socialista no internacionalista, es decir, con herejía o cisma en el sentido de desear que nuestro socialismo futuro sea americanista criollo".[380]

Gabriela Mistral nos advierte de la riqueza del Sur: la tierra, el indio y el pensamiento "mujeril" deben protegerse de la inadecuada apropiación de modelos foráneos. En este contexto, los tres temas representan conceptos desdeñados por la cultura dominante, la que pretende negarles la legitimación económica, social y cultural.

Estos tres ámbitos se ligan al bloque de símbolos que han liderado el pensamiento de Occidente. Pero se vinculan en su desamparo. En su ausencia.

Gabriela Mistral pretende levantar un pensamiento suramericano, basado en la economía de la tierra, en la legitimación social del indio y en la revaloración de la cultura de la mujer. A través de ellos y sin abandonar los avances alcanzados, pretende equilibrar la ruta torcida del progreso.

Mirar estas dimensiones desde la óptica de la escritora nos ayudará a entender la actualidad. Nos permitirá repensar el continente, auxiliar y no ocultar nuestras debilidades.

---

[380] Mistral, Gabriela, Carta a Pedro Aguirre Cerda (1936), en: Ed. Ganderats, Luis Alberto, *Antología Mayor*, vol. III, Santiago, Chile, Editorial Cochrane, 1992, p. 261.

Bibliografía

Obras de Gabriela Mistral:

Mistral, Gabriela, *Canto a México: Gabriela Mistral, Pablo Neruda*, Ed. Editorial Santillana, Santiago, Chile, Editorial Santillana, 1995.

Mistral, Gabriela, *Croquis Mexicanos*, Ed. Alfonso Calderón, Santiago, Chile, Editorial Nascimento, 1979.

Mistral, Gabriela, *El Recado Social en Gabriela Mistral*, Ed. Hugo Marcos Cid, Santiago, Chile, Ediciones Primicias, 1990.

Mistral, Gabriela, *Elogio de las Cosas de la Tierra*, Ed. Roque Esteban Scarpa, Santiago, Chile, Editorial Andrés Bello, 1980.

Mistral, Gabriela, *En Batalla de Sencillez: De Lucila a Gabriela (Cartas a Pedro Prado 1915-1939)*, Ed. Luis Vargas Saavedra, María Ester Sanz y Regina Valdés, Santiago, Chile, Ediciones Dolmen, 1993.

Mistral, Gabriela, "Epistolario de Gabriela Mistral y Eduardo Barrios", Ed. Luis Vargas Saavedra, Santiago, Chile, Centro de Estudios de Literatura Chilena, Pontificia Universidad Católica, 1988.

Mistral, Gabriela, "Gabriela Mistral en el Repertorio Americano", Ed. Mario Céspedes, San José de Costa Rica, Editorial Universidad de Costa Rica, 1978.

Mistral, Gabriela, *Gabriela Mistral en La Voz de Elqui*, Ed. Pedro Pablo Zegers y Betty Toro Jorquera, Santiago, Chile, Dirección de Bibliotecas, Archivos y Museos, 1992.

Mistral, Gabriela, *Gabriela Mistral, Epistolario: Cartas a Eugenio Labarca 1915-1916*, Ed. Raúl Silva Castro, Santiago, Chile, Ediciones de los Anales de la Universidad de Chile, Serie Roja, N°13, 1957.

Mistral, Gabriela, *Gabriela Mistral: Escritos Políticos*, Ed. Jaime Quezada, Santiago, Chile, Fondo de Cultura Económica, 1994.

Mistral, Gabriela, "Gabriela Mistral, los Indios y Ercilla. Prólogo inédito de Gabriela Mistral a La Araucana de Don Alonso de Ercilla y Zúñiga", Ed. Luis Vargas Saavedra, en: *Taller de Letras* de la Pontificia Universidad Católica, N°20, Santiago, Chile, 1992.

Mistral, Gabriela, *Gabriela Mistral: Antología Mayor,* Volumen I (Poesía), Volumen II (Prosa), Volumen III (Epistolario), y Volumen IV (Bibliografía), Ed. Luis Alberto Ganderats, Santiago, Chile, Ediciones Cochrane S.A., 1992.

Mistral, Gabriela, "Gabriela Mistral: Correspondencia Inédita con Enrique Molina Garmendia", Ed. Miguel Da Costa Leyva, *Cuadernos Hispanoamericanos*, N° 402, Madrid, España, Diciembre, 1983, pp. 5-44.

Mistral, Gabriela, *Gabriela Piensa en…*, Ed. Roque Esteban Scarpa, Santiago, Chile, Editorial Andrés Bello, 1978.

Mistral, Gabriela, *Grandeza de los Oficios*, Ed. Roque Esteban Scarpa, Santiago, Chile, Editorial Andrés Bello, 1979.

Mistral, Gabriela, "La Instrucción de la Mujer", en: Literatura y Libros, año I, N°51, *La Época*, Santiago, Chile, 2 de abril, 1989, p. 2.

Mistral, Gabriela, *Magisterio y Niño*, Ed. Roque Esteban Scarpa, Santiago, Chile, Editorial Andrés Bello, 1979.

Mistral, Gabriela, *Prosa Religiosa de Gabriela Mistral*, Ed. Luis Vargas Saavedra, Santiago, Chile, Editorial Andrés Bello, 1978.

Mistral, Gabriela, *Proyecto Preservación y Difusión del Legado Literario de Gabriela Mistral*, Ed. Gastón Von Dem Bussche y Magda Arce, Santiago, Chile, Editorial Zig- Zag, 1993.

Mistral, Gabriela, *Recados Contando a Chile*, Ed. Alfonso Escudero, Santiago, Chile, Editorial del Pacífico, 1957.

Mistral, Gabriela, *Recados para América*, Ed. Mario Céspedes, Santiago, Chile, Editorial Pluma y Pincel, 1989.

Mistral, Gabriela, *Tan de Usted. Epistolario de Gabriela Mistral con Alfonso Reyes*, Ed. Luis Vargas Saavedra, Editorial Hachette, Santiago, Chile, Ediciones Universidad Católica de Chile, 1990.

Mistral, Gabriela, *Ternura,* Madrid, España, Editorial Espasa-Calpe, 1979.

Mistral, Gabriela, "Una Carta Inédita de la Escritora: Gabriela Mistral da Consejos para Luchar por la Vivienda", en: *El Siglo*, Santiago, Chile, 27 de enero, 1957, p. 2.

Mistral, Gabriela, *Vuestra Gabriela: Cartas Inéditas de Gabriela Mistral a los Errázuriz Echeñique y Tómic Errázuriz*, Ed. Luis Vargas Saavedra, Santiago, Chile, Editorial Zig-Zag, 1995.

Literatura general

Actividades femeninas en Chile, Obra publicada con motivo del Cincuentenario del Decreto que concedió a la mujer chilena el derecho de validar sus exámenes secundarios (datos hasta diciembre de 1927), Santiago, Chile, Imprenta y Litografía La Ilustración, 1928.

Agosín, Marjorie, "Gestos y Rostros de Mujeres: Gabriela Mistral y Violeta Parra", en *Plural*, N°260, vol. XXII-VII, Publicación de *Excelsior*, México D.F., mayo, 1993, pp. 60-63.

Aguirre Cerda, Pedro, *El Problema Agrario*, Dedicatoria a Gabriela Mistral, París, (S.N.), 1929.

Alegría, Fernando, "Aspectos Ideológicos de los Recados de Gabriela Mistral", en: Ed. Coddou, Marcelo y Servodidio, Mirella, *Gabriela Mistral*, Xalapa, México, Editorial de la Universidad Veracruzana, 1980, pp. 70-79.

Alegría, Fernando, *Genio y Figura de Gabriela Mistral*, Buenos Aires, Editorial Universitaria, 1966.

Alone, [Hernán Díaz Arrieta], "Gabriela Mistral y el Comunismo", en: *La Tentación de Morir*, Santiago, Chile, Editorial Zig-Zag, 1954.

Alone, "Interpretación de Gabriela Mistral", en: *Anales de la Universidad de Chile*, año CXV, N°106, segundo trimestre, Santiago, Chile, pp. 15-18.

Alone, *Los Cuatro Grandes de la Literatura Chilena durante el Siglo XX*, Santiago, Chile, Editorial Zig-Zag, 1962.

Arciniegas, Germán, *Las Mujeres y las Horas*, Santiago, Chile, Editorial Andrés Bello, 1986.

Arrigoitía, Luis de, *Pensamiento y Forma en la Prosa de Gabriela Mistral*, Río Piedras, Puerto Rico, Editorial de la Universidad de Puerto Rico, 1989.

Arteche, Miguel, "El Extraño Caso de Gabriela Mistral", en: *Cuadernos Hispanoamericanos*, N°221, Madrid, España, mayo de 1968, pp. 313-334.

Bauer, Arnold, *La Sociedad Rural Chilena. Desde la Conquista Española hasta nuestros días*, edición en castellano: Matta, Paulina, Santiago, Chile, Editorial Andrés Bello, 1994.

Boutros-Ghali, Boutros, *Paz, desarrollo y medioambiente*, Santiago, Chile, Naciones Unidas, 1992.

Brunna, Susana: "Chile: Las Culturas Campesinas en el Siglo XX", en: Ed. González Casanova, Pablo, *Historia política de los campesinos latinoamericanos*, vol. IV, México, Siglo XXI Editores, 1985.

Caffarena, Elena, *Un Capítulo en la Historia del Feminismo: Las Sufraguistas Inglesas*, Santiago, Chile, Ediciones del MEMCH, 1952.

Campos, Enrique, *Gabriela Mistral y su Tierra*, La Serena, Chile, Instituto Cultural de La Serena, 1986.

Cárdenas, María Teresa, "Gabriela Mistral. Sobre la Condición del Mujerío", en: *Revista de Libros El Mercurio*, Santiago, Chile, 24 de julio, 1994, pp. 4-8.

Carrillo, Claudia y Salomone, Alicia, "La Producción Intelectual entre 1920 y 1940: El Pensamiento de Gabriela Mistral y Victoria Ocampo", en: *Solar, Estudios Latinoamericanos*, Santiago, Chile, 1997, pp. 105-116.

Cecereu, Luis, "Evocación Telúrica en la Prosa de Gabriela Mistral", en: *Aisthesis,* Revista del Instituto de Estética de la Pontificia Universidad Católica, N° 11, Santiago, Chile, 1978, pp. 66-75.

Céspedes, Mario y Garreand, Lelia, *Gran Diccionario de Chile. Biográfico - Cultural*, Santiago, Chile, Editorial Alfa, 2ª edición, 1998.

Chonchol, Jacques, "El desarrollo Rural y la Reforma Agraria en América Latina", en: *Boletín de Estudios Latinoamericanos y del Caribe*, N° 46, Amsterdam, Países Bajos, junio de 1989, pp. 3-15.

Chonchol, Jacques, "La Revalorización del Espacio Rural como uno de los Ejes Fundamentales del Desarrollo Futuro de América Latina", en: XIV Congreso Interamericano de Planificación (SIAP), *Relación Campo-Ciudad: La tierra, recurso estratégico para el desarrollo y la transformación social.* Michoacán, México, Ediciones SIAP, 1983.

Cumbre Iberoamericana del Pensamiento, *Relato General de la Cumbre del Pensamiento:Visión Iberoamericana 2000*, (26 al 29 de abril), Antigua, Guatemala, Secretaría Ejecutiva de la Comisión Organizadora, 1993.

Earle, Peter, "Gabriela Mistral: Los Contextos Críticos", en: Coddou, Marcelo y Servodidio, Mirella, *Gabriela Mistral*, Xalapa, México, Editorial de la Universidad Veracruzana, 1980, pp. 14-19.

Eliade, Mircea, *Tratado de Historia de las Religiones*, México, Ediciones Era, 1992.

Fariña, Soledad y Olea, Raquel Eds., *"Una Palabra Cómplice. Encuentro con Gabriela Mistral"*, Santiago, Chile, Ediciones Isis Internacional y Casa de la Mujer La Morada, 1990.

Figueroa, Virgilio, *La Divina Gabriela*, Santiago, Chile, Imprenta El Esfuerzo, 1933.

Gajardo, Enrique, "La Gabriela que yo conocí III", en: *Artes y Letras El Mercurio*, Santiago, Chile, 18 de junio 1989, p. 14.

García, Antonio: *Dinámicas de las Reformas Agrarias en América Latina*, Santiago, Chile, Ediciones Icira, 1967.

Hübner, Sara, "Charlas", en: *Sucesos*, N° 897, año XVIII, Valparaíso, Chile, 4 de diciembre de 1919.

Iglesias, Augusto, *Gabriela Mistral y el Modernismo en Chile. Ensayo de Crítica Subjetiva*, Santiago, Chile, Editorial Universitaria, 1949.

Kazabián, Melissa, "La Mestiza que cantó al Indio", en: *Apsi*, año XV, N°418, Edición Especial, Santiago, Chile, 1992, pp. 40-42.

Klimpel, Felicitas, *La Mujer Chilena. (El Aporte Femenino al Progreso de Chile) 1910-1960*, Santiago, Chile, Editorial Andrés Bello, 1962.

Labarca, Amanda, *Bases para una Política Educacional*, Buenos Aires, Argentina, Editorial Losada, 1934.

Ladrón de Guevara, Matilde, *Gabriela Mistral, Rebelde Magnífica*, Santiago, Chile, Editorial Imprenta Central de Talleres del Servicio Nacional de Salud, 1957.

Larraín, Jorge, *Modernidad, Razón e Identidad en América Latina*, Santiago, Chile, Editorial Andrés Bello, 1996.

Lipschutz, Alejandro, *Perfil de Indoamérica de Nuestro Tiempo*, Editorial Santiago, Chile, Andrés Bello, 1968.

Maino, Valeria, Pereira, Teresa, Santa Cruz, Lucía y Zegers, Isabel, *Tres Ensayos Sobre la Mujer Chilena. Siglos XVII-XX*, Santiago, Chile, Editorial Universitaria, 1978.

Maturana, Humberto y Verden-Zöller, Gerda, *Amor y Juego. Fundamentos Olvidados de lo Humano. Desde el Patriarcado a la Democracia*, Santiago, Chile, Editorial Instituto de Terapia Cognitiva, 1993.

Maturana, Humberto, *El Sentido de lo Humano*, Santiago, Chile, Editorial Universitaria, 1991.

Molina Garmendia, Enrique, *Confesión Filosófica y llamado a la superación de la América Hispana*, Santiago, Chile, Editorial Nascimento, 1942.

Molina Müller, Julio, "Naturaleza Americana y Estilo en Gabriela Mistral". En *Anales de la Universidad de Chile*, año CXV, N°106, segundo trimestre, Santiago, Chile, 1957, pp. 109-124.

Monvel, María, "Gabriela Mistral, Franciscana de la Orden Tercera", en: *Zig- Zag*, N°XI, Santiago, Chile, mayo de 1925.

Moraxz, Mario, "Gabriela: Su Vocación Indigenista y Americana", en: *Cauce Cultural*, año XXX, N° 60, Chillán, Chile, 1989, pp. 47-49.

Mundt, Tito, *Las Banderas Olvidadas. Reportaje a una época apasionante*, Santiago, Chile, Editorial Orbe, 1964.

Neruda, Pablo, *Confieso que he vivido. Memorias*, España, Editorial Seix Barral, 1984.

Neruda, Pablo, "Discurso de Pablo Neruda a la Muerte de Gabriela Mistral", en: *El Siglo*, Santiago, Chile, 11 de enero, 1957, p. 1.

Olea, Raquel, "La Otra Mistral", en: *Literatura y Libros, La Época*, año I, N°51, Santiago, Chile, 2 de abril, 1989, p. 6.

Onís, Federico de, "Gabriela Mistral", en: *Anales de la Universidad de Chile*, Año CXV, N° 106, segundo trimestre, Santiago, Chile, 1957, pp. 20-21.

Oyarzún, Luis, "Gabriela Mistral en su Poesía", en: *Anales de la Universidad de Chile*, Año CXV, N°106, segundo trimestre, Santiago, Chile, 1957, pp. 11-14.

Oyarzún, Luis, *Diario Íntimo*, Santiago, Chile, Departamento de Estudios Humanísticos, Universidad de Chile, 1995.

Pereña, Luciano, *Genocidio en América*, Madrid, España, Editorial Mapfre, 1992.

Pinilla, Norberto, *Biografía de Gabriela Mistral*, Santiago, Chile, Editorial Tegualda, 1946.

Quezada, Jaime, "Ser feminista no le interesaba" en: *Revista de Libros El Mercurio*, Santiago, Chile, 24 de julio de 1994, p. 8.

Reyes, Alfonso, "Himno a Gabriela", en: *Anales de la Universidad de Chile*, Año CXV, N° 106, segundo trimestre, Santiago, Chile, 1957, p. 19.

Ribeiro, Darcy, "Amerindia Hacia el Tercer Milenio", en: *Oralidad. Lenguas, Identidad y Memoria de América*, N°9, La Habana, mayo, 1998, pp. 6-14.

Rodig, Laura, "Presencia de Gabriela Mistral. (Notas de un cuaderno de memorias)", en: *Anales de la Universidad de Chile*, año CXV, N°106, segundo trimestre, Santiago, Chile, 1957, pp. 282-292.

Rojo, Grínor, *Dirán que Está en la Gloria...(Mistral)*, Santiago, Chile, Fondo de Cultura Económica, 1997.

Rosenbaum, Sidonia, "Criollismo y Casticismo en Gabriela Mistral", en: *Cuadernos Hispanoamericanos*, Madrid, España, enero-febrero, 1953, pp. 296-300.

Rubio, Patricia, *Gabriela Mistral. Ante la Crítica: Bibliografía Anotada*, Santiago, Chile, Ediciones de la Dirección de Bibliotecas, Archivos y Museos, 1995.

Rubio, Patricia, "Sobre el Indigenismo y el Mestizaje en la Prosa de Gabriela Mistral", en: *Taller de Letras*, Pontificia Universidad Católica de Chile, N°Especial, Santiago, Chile, 1996, pp. 25-40.

Sábato, Ernesto, *Apologías y Rechazos*, España, Editorial Seix Barral, 3° edición, 1980.

Sábato, Ernesto, *Heterodoxias*, Buenos Aires, Editorial Seix Barral, 1991.

Salazar, Gabriel, "Ser niño 'huacho' en Chile", en: *Proposiciones*, N° 19, Santiago, Chile, 1990, pp. 55-83.

Sánchez, Luis Alberto, *Examen Espectral de América Latina*, Buenos Aires, Editorial Losada, 1962.

Santelices, Isauro, *Mi Encuentro con Gabriela Mistral (1912-1957)*, Santiago, Chile, Editorial del Pacífico, 1972.

Scarpa, Roque Esteban, *Una Mujer Nada de Tonta*, Santiago, Chile, Fondo Andrés Bello, 1976.

Sepúlveda, Fidel, "Gabriela Mistral: Aportes a una Estética del Folklore", en: *Taller de Letras*, Pontificia Universidad Católica de Chile, N° Especial, Santiago, Chile, 1996, pp. 41- 50.

Shiva, Vandana, *Abrazar la vida. Mujer, Ecología y Supervivencia*, Montevideo, Uruguay, Instituto del Tercer Mundo, 1991.

Silva Castro, Raúl, "The Modernist Trend in Spanish American Poetry", en: *Revista Iberoamericana*, vol. V, N°9, Pittsburgh, Estados Unidos, mayo, 1942, pp. 23-28.

Souza Martins, José de, "Los Campesinos y la Política en el Brasil". en: Ed. González Casanova, Pablo, *Historia política de los campesinos latinoamericanos*, vol. IV, México, Siglo XXI Editores, 1985.

Subercaseaux, Benjamín, *Chile o una loca Geografía*, Santiago, Chile, Editorial Universitaria, 1940.

Subercaseaux, Benjamín, *Reportaje a mí mismo. Notas, apuntes y ensayos*, Santiago, Chile, Editorial Zig- Zag, 1945.

Teitelboim, Volodia, *Gabriela Mistral: Pública y Secreta. Truenos y Silencios en la Vida del Primer Nobel Latinoamericano*, Santiago, Chile, Editorial Sudamericana, 1996.

Vargas Saavedra, Luis. "Hispanismo y Antihispanismo en Gabriela Mistral", en: *Mapocho*, N°22, Santiago, Chile, 1970, pp. 5-24.

Veneros, Diana, *Perfiles Revelados. Historia de Mujeres en Chile. Siglos XVIII-XX*, Santiago, Chile, Editorial Universidad de Santiago, 1997.

Warman, Arturo, "Tierra y Desarrollo", en: XIV Congreso Interamericano de Planificación (SIAP), *Relación Campo-Ciudad: La tierra, recurso estratégico para el desarrollo y la transformación social*, Michoacán, México, Ediciones SIAP, 1983.

Índice

TRABAJAN EN LOM

Editorial Silvia Aguilera, Juan Aguilera, Mauricio Ahumada, Cristina Varas, Luis Alberto Mansilla, Paulo Slachevsky **Relaciones Públicas** Milton Aguilar **Asesoría Editorial** Faride Zerán, Naín Nómez **Producción** Elizardo Aguilera, Carlos Bruit, Eugenio Cerda **Diseño y Diagramación Computacional** Ángela Aguilera, Ricardo Pérez, Lorena Vera, Jessica Ibaceta, Claudio Mateos, Carolina Araya, Francisco Leal, Christian Martínez, Paloma Castillo **Corrección de pruebas** Jorge Slachevsky R., Juan Álvarez **Impresión Digital** Alejandra Bustos, Carlos Aguilera, Fabiola Hurtado, Alejandro Droguett, Ángel Astete **Fotomecánica** Josefina Aguilera, Ingrid Rivas **Impresión Offset** Héctor García, Francisco Villaseca, Rodrigo Véliz, Luis Palominos **Corte** Jorge Gutiérrez, Eugenio Espíndola **Encuadernación** Sergio Fuentes, Marcelo Toledo, Marcelo Merino, Gabriel Muñoz, Miguel Orellana **En la Difusión y Distribución** Nevenka Tapia, Diego Chonchol, Pedro Morales, Elba Blamey, Sergio Parra, Mirtha Ávila, Carlos Campos, Nora Carreño, Georgina Canifrú, Jorge Benítez, Soledad Martínez, Lucas Lecaros, Victoria Valdevenito, Sandra Molina, Nelson Montoya **Área de Administración** Marco Sepúlveda, Marcos Álvarez, Juan Carlos Rojo **Coordinación General** Paulo Slachevsky Ch. *Se han quedado en nosotros Adriana Vargas y Anne Duattis.*